AI 마스터 바이블

AI 마스터 바이블

AI MASTER BIBLE

— 일상에서 활용되는 AI의 모든 것 —

김태우 지음

AI 기본 개념부터 실무까지 마스터하는 활용 백서

리더와 실무자를 위한 AI활용 성과 창출 가이드

스타북스

　우리 모두는 빛의 속도로 끊임없이 진화하는 AI 혁명 속에서 새로운 문명적 전환기에 처해 있습니다. 기업의 리더, 전문직 종사자, 학생, 혹은 미래를 준비하는 청소년 등—AI에 대한 올바른 이해와 활용 능력은 더 이상 선택이 아니라 필수적인 역량이 되었습니다. 이러한 시기에 돈화당敦和堂 김태우 대표의 『AI 마스터 바이블』이 세상에 출간된 것은 매우 시의적절하며 커다란 의미를 갖습니다.

　저는 십수 년 전 KAIST 과학기술대학원의 최고위경영과정AIM을 김태우 대표와 함께 이수한 원우로서, 그의 지적 호기심과 문제해결을 향한 정열, 그리고 새로운 기술을 향한 집념을 누구보다 가까이에서 보아 왔습니다. 그는 성공한 전문 기업 경영인이자 인성 경영 철학자이며, 기술 발명가이자 미래학에도 일가견이 있는 보기 드문 창의적 융합형 리더입니다. 바로 그가 품어 온 오랜 탐구의 결과물이 이번에 한 권의 책으로 세상의 빛을 보게 되었습니다.

　『AI 마스터 바이블』은 AI의 개념에서부터 기술의 작동 원리, 주요 기업의 전략적 움직임, 우리의 일상과 비즈니스 환경에 미치는 변화까지 매우 명료하고 알기 쉽게 설명하고 있습니다. 더 나아가 기업 리더를 위한 AI 활용 전략, 조직 구성원을 위한 실전형 업무 활용법, 그리고 일반인의 삶 속에서 어떻게 AI를 자신의 도구이자 동반자로 삼을 수 있는지 체계적으로 정리되어 있습니다.

특히 5장에서는 AI 시대의 윤리, 저작권, 리스크 관리, 그리고 미래 사회의 변화 전망까지 다루며, 단순한 기술 안내서를 넘어 인간이 어떻게 AI 시대를 주도적으로 설계해 나갈 것인가에 대한 깊이 있는 통찰을 제공합니다.

이 책은 AI를 처음 접하는 일반 독자들에게는 쉽고 친절한 길잡이가 되고, AI를 활용해야 하는 직장인과 리더들에게는 실용적 전략서가 되며, 미래를 꿈꾸는 학생과 청소년들에게는 세상과 진로를 바라보는 귀중한 '기회의 창'이 되어 줄 것입니다.

저는 이 책을 관심 있는 모든 분들께 자신 있게 추천 드립니다.

김태우 대표의 지혜로운 통찰, 그리고 기술과 인간을 잇는 따뜻한 관점이 독자 여러분의 미래를 더욱 밝고 넓게 열어 줄 것이라 확신합니다.

『AI 마스터 바이블』의 출간을 진심으로 축하드리며, 앞으로도 김태우 대표가 펼쳐 나갈 지적 여정과 도전이 더 큰 결실로 이어지기를 기대합니다.

박진

카이스트 초빙석학교수
전 외교부장관

지난 37년 동안 반도체 장비 산업 현장에서 일하며, 저는 기술이 산업을 바꾸는 순간들을 여러 번 목격해 왔습니다. 한 시대를 열었던 공정 장비의 진화, 한 세대의 패러다임을 바꿨던 자동화, 그리고 예측과 데이터 기반 의사결정이 보편화되기까지 우리는 기술의 발전과 함께 걸어 왔습니다.

저 또한 반도체 장비 기술 한 분야에서 일하며 AI의 발전과 진화를 위해 끝없이 요구되는 '초스피드와 저전력'의 디바이스를 만들기 위해 노력해 왔습니다. APU, TPU, NPU, GPU등 모든 기술적 디바이스가 메모리의 HBM 그리고 Packaging의 기술과 접목하여 더 완숙되고 발전된 AI를 계속해서 발전시켜 우리 생활을 좀 더 편리하고 윤택하게 만들거라 믿습니다.

지금 우리가 맞이한 AI 혁명은 그 어떤 변화보다도 빠르고 근본적이며, 산업의 구조와 인간의 역할을 다시 정의하는 거대한 전환점입니다. AI는 더 이상 학술적 개념도, 먼 미래의 가능성도 아닙니다. 이제 그것은 생산성의 기준이자 경쟁력의 척도이며, 산업과 일상의 생태계 자체를 재설계하는 핵심 축이 되었습니다.

그렇기에 저자의 『AI 마스터 바이블』은 단순한 기술 서적이 아닙니다. 이 책은 앞으로 AI가 어떤 방향으로 산업과 사회, 그리고 일상을 재편할지, 그 변화 속에서 개인과 기업이 무엇을 준비해야 하는지에 대한 실용적이며 전략적인 안내서입니다.

저는 오랜 시간 산업 현장에서 느꼈습니다. 기술은 기술만으로 완성되지 않는다는 사실을. 기술은 사람이 이해하고, 사람이 적용하고, 사람이 목적을 정의할 때 비로소 가치가 됩니다. AI도 마찬가지입니다.

AI에 대한 지식은 어디에서나 얻을 수 있지만, AI를 어떻게 이해하고, 전략화하며, 조직과 일상에 어떻게 적용하고, 비즈니스 결과로 연결할 것인가를 안내해 주는 책은 많지 않습니다. 이 책의 탁월함은 바로 그 지점에 있다고 생각합니다.

저자가 AI를 바라보는 것에만 멈추지 않았습니다. "AI는 비즈니스 분야에 어떤 영향을 주는가?", "AI는 의사결정 구조를 어떻게 새롭게 정의하는가?" 그리고 "미래의 조직, 산업, 사회는 어떤 리더십을 요구하는가?"라는 질문과 이에 대한 해답을 이 책에서 말하고 있습니다. 『AI 마스터 바이블』은 AI를 실무로 옮기는 과정, 즉 개념의 이해에서, 도구 활용을 넘어 문제해결, 시스템화, 확장전략까지, 연결/해석/적용/완성의 흐름을 제시하고 있습니다.

이 책은 AI를 두려움의 대상에서 도약을 위한 도구로 전환시키며, 기술에 의한 대체가 아닌 "AI와 인간의 공진화Co-Evolution"라는 메시지를 선명하게 전달합니다. 저자는 AI가 인간을 약화시키는 기술이 아니라, 인간의 창의성과 잠재력을 확장하는 기술이라고 말하고 있습니다.

AI는 반도체, 배터리, 로봇, 바이오와 함께 국가 기술력을 완성하는 핵심 축이 되고 있습니다. 그리고 앞으로 AI를 이해하는 사람과 AI를 활용하는 사람, 그리고 AI를 시스템화하는 사람 사이에는 압도적인 차이가 생길 겁니다. 그런 의미에서 『AI 마스터 바이블』은 앞으로의 산업 리더와 실무자에게 필요한 사고의 틀과 실행 근육을 제공하는 책입니다. AI 시대를 준비하는 기업, 미래 인재를 양성하는 교육자, 그리고 변화 속에서 길을 찾는 모든 사람에게 이 책은 하나의 기준이자 나침반이 될 것이라 확신합니다.

김태우 저자의 오랜 연구와 통찰, 그리고 시대를 앞서 이해하려는 의지에 깊은 존경을 표하며, 이 책의 출간을 진심으로 축하드립니다. 이 책이 AI 시대를 준비하는 모든 이들에게, 단순한 지식이 아니라 실행 가능한 미래 전략이 되기를 바랍니다.

이상원

㈜어플라이드 머티어리얼즈 코리아
㈜램리서치 코리아
전 대표이사

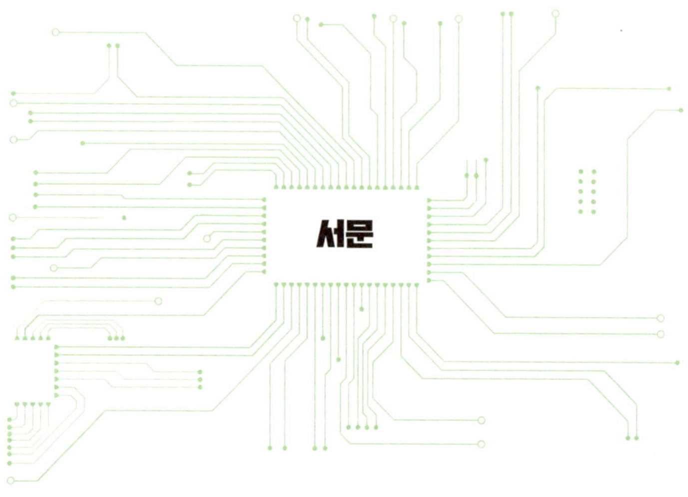

서문

산업화 시대와 정보화 시대에 조직 구성원들이 시대 변화에 대응하기 위해서 조직의 리더, 임원들과 각 부서나 팀에서 현재 상황을 파악하고 정리한 데이터를 토대로 전문가들과 논의하며 미래의 대응 방향을 결정했다. 이러한 과정은 기업의 지속적 생존을 위해 필수였지만, 시간과 비용이 많이 들 수밖에 없었다. 그러나 지식 정보화 사회인 지금은 AI가 방대한 데이터를 실시간으로 업데이트하고 분석하는 시대가 되었다. 우리는 질문과 검색만으로 최신 정보와 통합된 데이터를 얻을 수 있으며, AI가 제안하는 다양한 해석과 방향성까지 확인할 수 있다. 다시 말해, 지금은 초지식사회이자 초스피드 시대이기 때문에 더 빠르게 판단하고 움직일 수 있다는 것이다.

AI는 이제 먼 미래의 기술이 아니라, 이미 우리의 일상에 조용하면서도 강렬하게 스며들고 있다. 눈을 뜨자마자 확인하는 스마트폰 속 수많은 앱, 출근길 길 안내, 우리가 좋아할 만한 음악을 자동으로 추천하는 서비스까지 인간이 의식하기도 전에 AI는 스스로 판단하고 제안하며 사용자의 선택을 돕는다. 이렇게 AI는 우리 삶의 기본값이 되어 가고 있다.

그런데 이러한 사실을 아직도 많은 사람이 낯설어하는 듯하다. AI가 개인의 삶을 바꿨다는 것을 실감하기 어렵기 때문일지도 모른다. 하지만 변화는 이미 시작되었다. 단지 우리가 뒤늦게 깨닫고 있을 뿐이다. 어쩌면 깨달을 준비가 안되어 있는지도 모른다.

AI는 기업 현장에서 아주 큰 존재감을 드러낸다. 고객 상담, 마케팅, 재고 관리, 생산 기획, 인재 채용과 평가까지 한때 사람만이 할 수 있다고 여겼던 대부분 영역에 AI가 깊숙이 들어왔다. AI를 제대로 익힌 기업은 빠르게 성장하지만, AI에 대한 준비가 부족한 기업은 그 속도를 따라가기조차 버거워진다. 지금 기업 세계에서 AI는 선택의 영역이 아니라 생존의 문제다. 기술을 받아들이지 않으면 시장에서 자연스럽게 도태된다. 기업의 속도를 결정하는 것은 더 이상 자본이나 규모만이 아니다. 얼마나 AI를 잘 활용하느냐가 새로운 기준이 되고 있다.

이러한 변화는 기업을 넘어서 개인에게까지 확산하고 있다. 직장인이 업무 능률을 높이기 위해 프롬프트를 익히고, 대학생은 우수한 발표 자료를 만들기 위해 다양한 AI 툴을 활용한다. 주부는 AI를 활용하여 부업을 진행하며, 프리랜서나 1인 사업자는 규모 있는 기업에서나 볼 수 있는 업무 수준을 AI가 현실화시켜 준다. 이제 AI는 개인 간 능력의 격차를 줄이고 기회에 대한 문턱을 낮추고 있다. 그동안 기술적 제약으로 상상에 머물던 아이디어가 AI를 통해 현실이 되고 있는 것이다.

이제 중요한 건 '기술을 얼마나 많이 아는가?'가 아니다. AI가 제공하는 수많은 도움을 업무와 일상에 자연스럽게 활용하고 엮어 낼 수 있는 능력이다. AI는 인간을 대체하는 것이 아니라 인간이 하려던 일을 더 잘할 수 있게 도와주는 좋은 파트너이다. 이 지점을 얼마나 빠르게 이해하고 받아들이느냐에 따라서 AI를 활용한 확장성은 범위를 달리할 것이다.

그렇다면 지금 우리가 갖추어야 할 능력은 무엇일까? 먼저 AI가 가지고 있는 장점을 최대한 활용하기 위해 좋은 질문을 던지고 활용하는 지식과 지혜가 필요하다. AI 활용의 성패는 결국 질문의 스킬과 질에 의해 결정된다. 원하는 것을 정확히 요청하고, 결과물을 비판적으로 평가하며, 다시 개선을 요구할 수 있는 질문형 학습과 탐구가 필요하다. 이에 따라 질문은 곧 전략이자 경쟁력이 된다.

이 책은 사람들이 AI에게 제대로 질문하고 활용하는 것에 큰 도움이 될 것이다. 더 나아가 실전에서 AI를 활용하여 빠르고 효과적인 성과를 낼 수 있도록 도울 것이다. 이 책은 AI의 추상적인 개념을 논하는 이론서가 아니다. 책을 덮는 순간 곧바로 자기 눈 앞에 있는 일을 해결하는 데 도움을 준다. AI를 직접 다루고 자신의 업무와 생활 속에 자연스럽게 녹여 낼 수 있도록 안내하는 실전 가이드다.

이 책은 총 다섯 개의 장으로 구성되어 있다.

먼저 1장에서는 AI가 무엇이며, 어디에서 왔고 어디로 가고 있는지를 차근차근 살펴본다. 복잡한 수식이나 기술적인 용어보다는 AI를 이해하기 위한 최소한의 개념과 흐름을 설명한다. 2장에서는 기업이 AI를 통해 어떻게 경쟁 우위를 만들고 있는지를 글로벌 사례와 함께 소개한다. 기술의 본질은 현장에서 드러난다. 이 장을 통해 독자는 '왜 리더가 AI를 공부해야 하는가?'에 대해 자연스럽게 공감할 수 있다. 3장은 직장인을 위한 실전 활용법에 초점을 맞춘다. 기획안, 보고서, 메일, 엑셀, 프레젠테이션, 회의록까지 조직에서 성과를 좌우하는 문서 작업을 AI로 어떻게 효율화할 수 있는지 실습 중심으로 설명한다. '읽고 끝나는 책'이 아니라 '함께 일을 처리해 보는 책'이 되도록 한다. 4장은 일상에서 AI로 자신만의 가치를 만드는 방법을 제시한다. 외국어 실력 향상, 웹페이지 제작, 이미지와 영상 편집, 부가 수익 창출 등 다양한 활용 시나리오를 담았다. 누구나 AI를 통해 자기만의 무기를 가질 수 있다. 5장은 AI 사용자의 태도와 관점을 이야기한다. 오류 대응, 저작권, 윤리, 리스크 관리, 미래사회 변화까지 AI 시대에 필수적으로 고민해야 할 문제를 함께 다룬다. 기술을 맹목적으로 신뢰하는 것도 위험하지만, 지나치게 두려워하는 것도 지양해야 한다. 균형 잡힌 시각을 갖추는 것이 무엇보다 중요하다. AI 시대는 인간의 사유와 판단이 더욱 필요해지는 시대이기 때문이다.

이 책은 AI 전문가가 되라고 요구하지 않는다. 대신 AI의 도움을 받는 사람에서 AI와 함께 성과를 내는 사람으로 변화하자고 제안한다. 변화는 거창한 목표에서 시작되는 것이 아니다. 오늘, 지금 당장 작은 실천을 한 번 하는 것에서 시작될 수 있다. 보고서 한 장, 이메일 한 통, 대화 한 번 등의 경험이 쌓이고 쌓이면 당신의 일과 삶은 확실하게 달라진다. AI는 당신의 업무 속도를 높여 줄 것이고, 당신이 고민에 들이는 엄청난 시간을 줄여 줄 것이다. 그리고 무엇보다 당신의 가능성을 확장해 줄 것이다.

인류가 맞이한 급격한 변화의 시기인 AI 시대에는 대학 간판 위주의 학벌은 더이상 큰 의미는 없다. 오히려 AI를 활용할 줄 알고, 적극적으로 생활과 직업에 적용하는 사람에게는 기회의 시대가 도래했다고 봐야 할 것이다.

지금 이 순간에도 AI는 발전하고 있고, 수많은 사람이 AI 위에 올라타고 있다. 故 이어령 선생님이 생전에 하셨던 말씀이 생각난다. "AI는 말이다. 말은 사람보다 빠르다. 그래서 AI라는 말에 올라타서 잘 달려야 한다" 이 말씀처럼 시대에 뒤처지지 않기 위해서가 아니라, 더 잘 살아가기 위해 우리는 AI를 알아야 한다. 이제 AI를 어떻게 활용하는지는 우리의 몫이고, 더 나은 미래로 나아갈 시간이다.

차례

AI MASTER BIBLE
CHAPTER 1
AI의
어깨에
올라타기

1

우리는 일상에서 '인공지능' 혹은 'AI Artificial Intelligence'라는 단어를 흔하게 접하고 있다. 아침에 눈을 뜨면 스마트폰의 음성 비서가 날씨를 알려 주고, 출근길에는 내비게이션이 최적의 경로를 안내한다. 온라인 쇼핑몰에서는 사용자가 좋아할 만한 상품을 추천해 주고, 집에서는 로봇 청소기가 스스로 바닥을 깨끗하게 청소한다. 이 모든 것이 바로 AI의 손길이 닿은 결과다.

인공지능 혹은 AI란 인간의 지능적 행동이나 사고방식을 모방하거나 재현하도록 설계된 컴퓨터 기술과 시스템을 말한다. 여기에는 인간이 가진 학습, 추론, 문제해결, 인지, 언어 이해, 더 나아가 창의성과 같은 다양한 지적 능력이 포함된다. 다만 AI의 '생각'은 인간의 의식이나 감정과 같은 복잡한 내면 활동과는 본질적으로 다르다. AI의 지능은 철저히 데이터에 기반한다. 주어진 명령을 수행하거나 패턴을 찾아내어 최적의 답을 찾는 데 초점을 맞춘다.

AI 기술은 크게 기호주의Symbolism와 연결주의Connectionism라는 두 축을 중심으로 발전해 왔다. 기호주의는 규칙과 기호로 문제를 해결하는 방식으로, 미리 만들어 놓은 지식 매뉴얼에 따라 기계를 작동시킨다. 마치 사람이 문제해결 매뉴얼을 보고 따라 하는 것과 비슷하다. 지식에 갈등이 일어나면 논리를 기반으로 문제를 해결한다. 대표적으로 체스 AI를 들 수 있다. 체스라는 게임 내에서 규칙과 논리를 기반으로 최적의 수를 계산하여 문제를 해결해 나간다. 기호주의는 논리적으로 설명이 가능하며 복잡한 문제를 해결하는 데 강점이 있다. 그러나 새로운 환경에서 스스로 학습하기 어려우며, 정해진 규칙 이외의 상황에 유연하게 대처하는 게 쉽지 않다.

연결주의는 신경망Neural Network 기반으로, 인간의 뇌가 동작하는 방식을 본떠 데이터와 경험을 통해 학습하는 방식이다. 뇌처럼 하나의 개념이 여러 곳에 흩어져서 표현되며, 기호와 규칙을 사용하지 않고 인공 신경망ANN, Artificial Neural Network을 이용해 스스로 학습한다. 기호주의와 다르게 논리적으로 설명하기 어려운 문자, 음성, 영상 등의 문제까지 다룰 수 있다. 예를 들어 고양이와 강아지 이미지를 인식할 때 기호주의로는 불가능하지만, 연결주의를 통해 강아지와 고양이의 특징을 인식해 구분할 수 있다. 연결주의 지능체가 처음에는 백지상태에 가까우나 다양한 사례를 경험함으로

써 스스로 천천히 학습해 간다. 이러한 학습 과정에서 중요한 기술이 머신러닝Machine Learning과 딥러닝Deep Learning이다.

머신러닝은 기계가 데이터를 통해 스스로 학습하는 방법을 일컫는 광범위한 개념이다. 과거에는 개발자가 모든 규칙을 일일이 코딩해야 했다. 한 예로 'A라면 B를 하라'고 지시해야만 컴퓨터가 작동했다. 그런데 머신러닝은 이 방식을 완전히 뒤집어 버린다. 개발자가 프로그램을 적확히 지시하는 대신 기계가 대량의 데이터를 스스로 분석하여 숨겨진 패턴과 규칙을 찾아내고 이를 바탕으로 이후에 일어날 일을 예측하거나 의사결정을 내리도록 하는 것이다. 예를 들어 이메일에서 스팸을 확인하는 시스템을 만들 때 사람이 스팸의 기준을 하나하나 정해 주는 대신, 메일과 관련된 수많은 데이터를 기계에 학습하면 AI가 스스로 특정 단어나 패턴을 파악해 스팸 여부를 판단하게 된다.

딥러닝은 이러한 머신러닝의 한 분야로 연결주의를 대표하는 형태로 볼 수 있다. 딥러닝은 인간의 뇌 신경망을 모방한 인공 신경망을 여러 층으로 깊게 쌓아 올린 구조를 사용한다. 딥러닝은 복잡하고 추상적인 패턴을 데이터에서 직접 빼내어 학습하는 능력이 뛰어나다. 사람이 정확한 특징을 정의하지 않아도 기존의 데이터로부터 복잡하고 추상적인 특징을 스스로 학습한다. 앞서 이야기한 고양이와 강아지의 특징을 인식하고 분류하는 과정이 딥러닝에 의해 진행된다고 볼 수 있다. 사람이 '고양이는 귀가 뾰족하고 수염이 있다'는 사실을 알려 주지 않아도 방대한 데이터를 스스로 학습한 AI가 답을 내놓는 것이다. 현대 AI 기술의 눈부신 발전은 딥러닝의 성과라고 단언해도 과언이 아닐 것이다.

AI는 어떻게 여기까지 오게 되었을까?

AI의 역사는 단순히 기술의 발전만으로는 설명되지 않는다. 인간이 지능에 대해 어떻게 이해하고 이를 기계로 구현하려 노력했는지에 관한 오랜 탐구의 과정으로 볼 수 있다. AI 연구는 시대별로 크게 몇 단계를 거치며 현재에 이르렀다고 볼 수 있다.

AI란 용어는 1956년 미국 다트머스 회의Dartmouth Conference에서 처음 공식적으로 사용되었다. 당시 다트머스 대학에 있던 존 매카시 John McCarthy, 마빈 민스키Marvin Minsky, 클로드 섀넌Claude Shannon 등의 연구자들은 컴퓨터가 인간처럼 사고하고 문제를 해결할 수 있다는 가설을 세우고 학문으로서 AI 연구를 시작했다. 그러한 기반에는 1950년 영국의 컴퓨터 과학자이자 수학자인 앨런 튜링Alan Turing이 언급한 튜링 테스트, 즉 '기계가 생각하는 것이 가능한가?'라는 철학적 질문이 바탕에 깔려 있었다. 연구자들은 규칙과 논리적 사고를 중심으로 하는 기호주의에 기반하여 연구를 진행했다. 당시에는 인간과 비슷하거나 그 이상의 지능을 가진 AI 시대가 멀지 않을 거라 여겼다.

하지만 이러한 장밋빛 전망은 오래가지 못했다. 1970~80년대에 들어 AI 연구는 심각한 침체기를 겪게 된다. 이를 첫 번째 AI

겨울AI Winter이라고 부른다. 초기 AI가 해결하려던 문제들이 예상보다 훨씬 복잡하다는 사실이 사람들의 실망감으로 옮겨지면서 AI 투자 위축으로 이어지게 된다. 침체기 이후 1980년대에 특정 분야의 전문가 지식을 컴퓨터에 저장하고 이를 바탕으로 문제해결을 돕는 '전문가 시스템Expert System'이 반짝 떠올랐으나 이 시스템 역시 과다 비용, 유연성 부족 등의 한계를 가지면서 두 번째 AI 겨울을 맞이하게 된다. 이 시기에는 AI라는 용어 자체를 꺼리는 분위기까지 형성되었다.

지난한 겨울이 지나고 1990년대 후반부터 인터넷과 컴퓨터 성능의 발달과 함께 시나브로 봄이 다가오기 시작했다. 동시에 인간이 매번 특정 데이터를 입력하는 것이 아닌, AI가 데이터를 기반으로 스스로 학습하고 발전하는 연결주의에 깊은 관심을 두기 시작하면서 데이터 처리 능력을 폭발적으로 향상했다. 그 결과 1997년 IBM의 '딥 블루Deep Blue'가 당시 체스 세계 챔피언인 가리 카스파로프Garry Kasparov에게 경기에서 승리를 맛보게 되었다. 이 사건은 AI의 발전 가능성을 다시 한번 전 세계에 보여 준 상징적인 순간이었다.

2010년대부터 딥러닝이 AI의 주요 기술로 떠오르면서 새로운 황금기를 맞이하게 된다. 특히 2012년 캐나다 토론토 대학의 제프리 힌튼Geoffrey Hinton 교수 연구팀의 알렉스 넷AlexNet이 딥러닝을 활용해 이미지 인식 대회ImageNet Challenge에서 압도적인 성능을 보여 주었고, 2016년 구글Google 딥마인드의 알파고AlphaGo는 바둑 세계 챔피언인 이세돌 9단을 이김으로써 딥러닝의 시대가 본격적으로 열렸음을 전 세계에 선포하게 되었다.

이후 구글, 메타META, 마이크로소프트Microsoft 등 글로벌 IT 기업들이 AI 연구에 본격적으로 진입하며 기술 발전이 급속도로 이루어졌다. 그리고 2022년 11월, 세계를 경악시켰던 챗GPTChatGPT를 비롯해 제미나이Gemini, 미드저니Midjourney, 클로드Claude, 달리DALL-E, 스냅챗 마이AIMY AI 등 수많은 생성형 AI가 우리 일상으로 자연스럽게 스며들었다.

이제 AI는 단순한 정보 처리 단계를 넘어 복잡한 언어적 맥락을

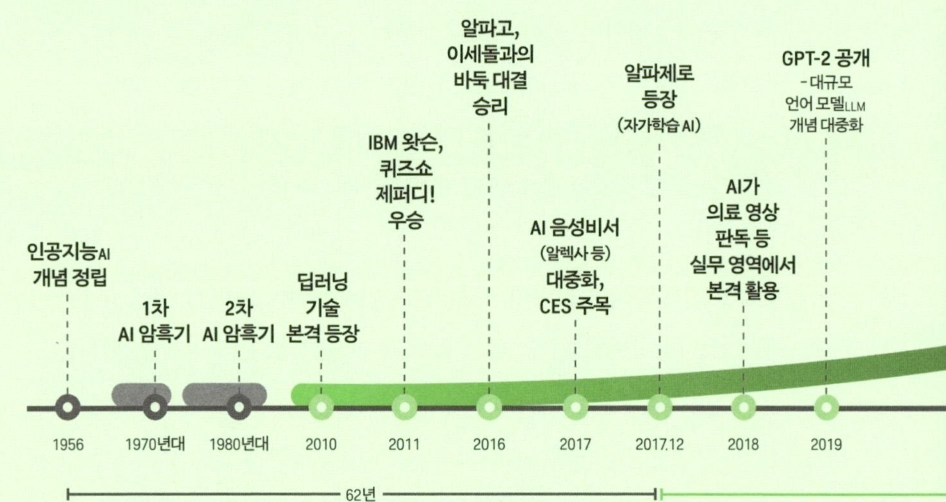

이해하여 인간과 자연스럽게 대화하고, 새로운 콘텐츠를 생성하는 등 과거에는 상상조차 하기 어려웠던 능력을 현실화하고 있다. 더불어 AI는 검색, 학습, 자료 조사, 기업 경영, 글 작성, 의료, 금융, 제조, 교육 등 산업 전반에 적용되며 실질적인 변화를 끌어내고 있다. 이러한 시대에서 우리는 AI를 어떻게 마주하고 받아들여야 할까. 지금 이 시대에 잘 적응하고 다가오는 AI의 시대의 어깨에 올라타서 새로운 미래를 향해 AI와 함께 성과를 높이며 나아갈 것인가, 아니면 AI를 수동적으로 사용하거나 혹은 부정하고 모른 척하며 살아갈 것인가. 그 중요한 갈림길 위에 우리가 서 있다.

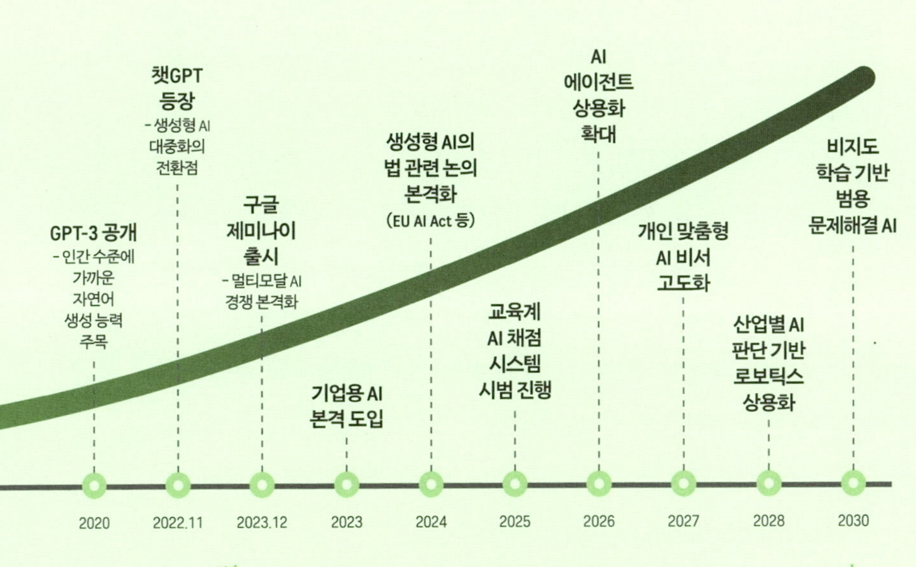

AI는 어떻게 생각을 할까?

　AI가 '생각한다'는 것은 사람처럼 감정이나 의도를 가진 사고를 의미하는 것이 아니라, 입력된 데이터를 분석하고 그에 따라 출력을 끌어내는 복잡한 계산 과정에 가깝다. AI는 인간처럼 의식적으로 고민하는 것이 아니라 학습된 방대한 지식을 바탕으로 가장 적절하다고 판단되는 결과를 꺼내는 것이다. 특히 최근 주목받는 생성형 AI는 인간의 언어를 이해하고 생성하는 데 뛰어난 능력을 보인다. 생성형 AI는 사실상 인공지능의 대중화를 이끌었다. 이를 통해 사람들은 AI라는 거대한 바다를 항해할 준비를 하게 되었다. 이러한 생성형 AI 기술에서 주요한 역할을 하는 것이 대규모 언어 모델LLM, Large Language Model이다.

　대규모 언어 모델은 마치 거대한 언어 데이터베이스를 가진 뇌와 같다. 인터넷상의 수많은 데이터를 학습하여 단어와 문장 사이의 통계적 패턴과 관계를 파악한다. LLM은 '토큰Token'이라는 기본 단위로 언어를 이해한다. 토큰은 단어나 구절의 일부가 될 수 있다. 예를 들어 '안녕하세요'는 '안녕', '하세', '요'와 같이 쪼개질 수 있다. AI는 이 토큰들을 숫자로 변환하여 처리하며, 각 토큰이 문맥 속에서 어떤 의미를 가지는지 학습한다. LLM은 숫자화된 토큰을 보며 다음에 올 토큰이 무엇일지 확률적으로 예측하고 계산한다. 마치 우리가 특정 단어를 보며 그 의미를 떠올리고 그다음에 어떤 단어가 어울릴지 예측하는 것과 같다. 이 과정은 문맥을 기반으로 다음 단어와 내용을 예측하는 확률적 추론에 가깝다. 이러한 예측 과정이 연속적으로 이루어져 긴 문장이나 단락을 생성한다.

LLM의 등장은 AI의 언어 이해 능력을 몇 단계 끌어올렸다고 볼 수 있다. 이러한 데 큰 영향을 미친 것이 트랜스포머 아키텍처Transformer Architecture와 어텐션 메커니즘Attention Mechanism이다. 트랜스포머 아키텍처는 문장 내의 모든 단어 간의 관계를 동시에 고려하여 문맥을 파악하는 데 탁월하다. 어텐션 메커니즘은 AI가 문장 내에서 중요한 단어에 집중할 수 있도록 돕는 역할을 한다. 예를 들어 '눈에 맞은 눈'이라는 문장에서 AI는 첫 번째 '눈'이 사람의 눈이고, 두 번째 '눈'이 하늘에서 내리는 눈이라는 것을, 문맥을 통해 정확히 인지할 수 있게 되는 것이다. 이렇게 학습된 LLM은 텍스트를 생성할 뿐만 아니라 번역, 요약, 감성 분석 등 다양한 언어 관련 문제를 해결하는 데 활용된다.

그렇다면 AI는 어떻게 다양한 종류의 데이터를 처리하고, 이를 바탕으로 결정을 내리는 것일까? AI는 단순히 텍스트뿐만 아니라 이미지, 음성, 영상 등 다양한 형태의 정보를 처리한다. 이 모든 데이터는 AI가 이해할 수 있는 숫자 형태인 '임베딩Embedding'으로 바뀌게 된다. 예를 들어 이미지의 경우 픽셀값이 숫자로 바뀌고, 음성은 주파수 패턴이 숫자로 바뀌어 AI 모델의 입력으로 들어간다. 이후 학습된 모델을 사용하여 새로운 데이터로부터 예측이나 결론을 꺼내는 과정을 통해 단순한 예측을 넘어 복잡한 상황에서 결정까지 내리게 된다. 이 과정은 마치 복잡한 수학 공식을 푸는 것과 같아서 수많은 변수 사이의 관계를 고려하여 최적의 해답을 찾아내는 것과 같다.

AI의 생각이 고도화하는 과정

AI의 생각이 단순히 언어를 생성하는 것을 넘어 복잡한 문제를 해결하는 능력으로 확장되기 위해서는 다양한 기술이 필요하다. 그중 대표적인 것이 검색 증강 생성RAG, Retrieval-Augmented Generation, 연쇄적 사고CoT, Chain of Thought, 강화 학습Reinforcement Learning이다.

RAG는 LLM이 가지는 한계점을 보완하는 역할을 한다. LLM은 외부 지식을 실시간으로 업데이트하지 못하기 때문에 고정된 학습 데이터 범위 밖의 사실이나 최신 정보에 대해서는 오답을 내놓을 수 있다. 또한 학습 과정에서 사실이 아닌 정보를 그럴듯하게 지어내는 문제인 '환각Hallucination' 현상이 일어나기도 한다. RAG는 이러한 한계를 극복하기 위해 LLM이 답변을 생성하기 전에 외부의 신뢰할 수 있는 데이터베이스나 웹 문서에서 관련 정보를 검색하고, 그 정보를 바탕으로 답변을 생성하도록 돕는다. 이에 따라 사용자는 더 정확하고 신뢰할 수 있는 답변을 얻을 수 있다.

예를 들어 기업 내부의 AI 비서가 회사 규정에 관한 질문을 받았을 때 단순히 학습된 일반 지식에만 의존하지 않고, 회사의 내부 규정집을 실시간으로 검색하여 가장 정확하고 검증된 정보를 찾아내어 답을 내놓는 것이다. 이는 사람의 정보 탐색 방식과 비슷하다. 우리는 어떤 내용을 모를 때 책이나 인터넷을 검색하고 그 정보를 종합해 판단을 내린다. RAG는 이러한 인간의 정보 처리 방식을 기술적으로 재현하는 것으로 볼 수 있다.

CoT는 LLM이 복잡한 문제를 해결할 때 최종적인 답을 바로 제공하지 않고 문제해결 과정을 단계별로 풀어 가도록 유도한다. 쉽게 말해 수학 문제를 푸는 과정에서 먼저 문제의 조건을 정리하고 그다음 공식에 대입해 답을 구하는 형태이다. CoT는 문제해결의 각 단계를 분명하게 보여 줌으로써 LLM은 더 정확하고 논리적인 답변을 만들게 된다. 사용자는 AI가 어떤 과정을 거쳐 답에 다다랐는지 이해할 수 있게 된다. 이런 과정은 AI가 더욱 일관성 있는 답변을 내놓도록 도와준다. 특히 복잡한 추론이나 논리적 사고가 필요한 질문에 대한 AI의 성능을 크게 향상한다.

강화 학습은 AI가 보상을 최대화하는 방향으로 행동을 선택하도록 하는 학습 방식이다. 이는 AI가 바둑이나 게임에서 인간 챔피언을 이기거나, 로봇이 복잡한 동작을 익히는 데 주로 사용된다. AI는 특정 목표를 달성하기 위해 다양한 행동을 시도하고, 그 결과에 따라 보상(성공)이나 벌칙(실패)을 받아 점차 더 나은 전략을 학습한다. 주변 환경과의 상호작용을 통해 최선의 행동 방식을 스스로 발견한다는 점이 마치 유아가 시행착오를 통해 행동을 배우는 것과 비슷하다.

이 외에도 AI가 가능한 모든 경우의 수를 탐색하여 최적의 해답을 찾는 데 사용되는 탐색 알고리즘Search Algorithms, 주어진 제약조건 내에서 최고의 결과를 만들어 내는 데 초점을 맞추는 최적화 알고리즘Optimization Algorithms, 비슷한 특성을 가진 데이터들을 그룹으로 묶는 군집화 알고리즘Clustering Algorithms 등은 AI의 문제해결 능력을 확장하는 데 많은 도움이 된다.

AI의 사고는 감정이 아닌 계산이며, 의미가 아닌 확률을 기반으로 한다. 하지만 이러한 시스템은 점점 인간의 사고방식과 비슷하게 진화하고 있다. 이러한 기술 발전은 AI가 복잡한 문제를 해결하고 인간의 삶을 더 풍요롭게 만드는 강력한 도구이자 친절한 동반자로 성장하고 있음을 보여 준다.

AI 주요 기업은 어떻게 시장을 선도하고 있을까?

AI의 발전 속도는 매우 놀랍다. AI가 곧 인간의 모든 지적 능력을 뛰어넘는다는 말은 더는 과장이 아니다. 언어 생성, 이미지 생성, 데이터 분석, 의사결정 보조 등 다양한 분야에서 AI의 성능은 빠르게 향상되고 있다. 물론 AI는 아직 감정, 윤리적 판단, 인간적 직관과 같은 영역에서는 일정한 한계를 보인다. 그러나 분명한 것은 인간이 예측하는 시기보다 더 빠르게 모든 것이 변화할 것이다. 그렇다면 현재 AI의 성능은 인간의 지능과 비교했을 때 어느 수준에 도달했을까? 우리가 흔히 말하는 창의성, 공감 능력, 비판적 사고 같은 인간 고유의 능력까지 AI가 모방할 수 있을까?

현재 AI의 성능은 특정 영역에서는 이미 인간을 뛰어넘는 수준에 도달했다고 여긴다. 대표적으로 방대한 데이터를 빠르게 분석하고 패턴을 찾아내는 능력은 인간의 한계를 아득히 넘어선다. 주식 시장의 복잡한 데이터를 순식간에 분석하여 최적의 투자 전략을 제안하거나, 수억 장의 이미지 속에서 특정 패턴을 찾아내는 일은 이제 AI에 그리 어려운 일이 아니다. 바둑이나 체스 같은 전략 게임에서 인간을 넘어서는 것은 이미 기정화되었다. 오히려 인간이 AI를 넘어서기 위해 도전하는 모양새이다. 이처럼 AI는 정해진 규칙 내에서 명확한 데이터를 주었을 때 최적의 해답을 찾고 예측하는 데 탁월한 능력을 보여 준다. 인간과 다르게 감정이 배제된 채 작업이 이루어지는 만큼 논리적 사고가 적용되어 결과물이 생성된다.

물론 통상적으로 말하는 인간의 고유한 능력인 창의성, 공감 능력, 비판적 사고, 추론 능력은 여전히 AI에 과제로 남아 있다. AI는 특정 스타일의 그림을 그리거나 음악을 작곡할 수 있지만, 이는 기존의 데이터를 학습하여 패턴을 재조합하는 과정에 가깝다. 인간처럼 '영감'을 받아 완전히 새로운 예술 작품을 창조하거나, 문화적 맥락과 감정을 깊이 이해하여 진정성이 가미된 감동적인 스토리를 만들어 내기는 쉽지 않다. 인간의 공감 능력은 타인의 감정을 이해하고 공유하며, 이를 바탕으로 사회적 상호작용을 풍부하게 만드는 중요한 요소이다. AI는 이러한 감정을 '인지'할 수는 있어도 '느끼거나 공감'한다고 보기는 어렵다.

또한 AI는 논리적 추론은 가능하지만, 불확실한 상황에서 여러 정보를 종합하여 직관적으로 판단하고 숨겨진 의도를 파악하는 것은 꽤 애로사항을 보인다. 특히 윤리적 딜레마 속에서 최선의 결정을 내리는 비판적 사고 능력은 아직 갈 길이 멀다. 우리가 AI에 '이 상황에서 가장 윤리적인 선택은 무엇인가?'라고 물을 때, AI는 정답을 제시하는 대신 학습된 데이터를 기반으로 확률적 답변을 내놓을 뿐이다. 우리가 별다른 생각 없이 자연스럽게 아는 세상의 모든 이치가 AI에게도 여전히 어려운 영역인 것이다.

그렇다면 AI는 앞으로 어떻게 발전하게 될까? 가까운 미래에는 '멀티모달 AI_{Multimodal AI}'의 발전이 두드러질 것으로 예상한다. 현재는 텍스트, 이미지, 음성 등 단일 모달리티_{Modality}에 특화된 AI가 많다. (모달리티란 양식 또는 양상을 의미하며, 어떤 형태로 나타나는 현상이나 그것을 받아들이는 방식을 말한다.) 앞으로는 여러 종류의 정보를 동시에 이해하고 통합적으로 처리하는 AI가 등장할 것이다. 예를 들어 사진 속 인물의 표정과 주변 환경을 보고 텍스트로 상황을 비유하고 묘사하며, 그 상황에 맞는 음성으로 대화까지 할 수 있는 AI가 더욱 보편화될 것이다. 더 나아가 개인의 특성과 선호도를 더욱 심화 학습하여 최적화된 서비스를 제공하는 초개인화 AI가 발달할 것이다. 이는 특정 산업 분야에 특화된 AI의 고도화로 이어지게 만든다.

하지만 우리가 영화에서 보는 것처럼 인간의 모든 지능과 감정을 모방하고 스스로 의지를 가진 '범용 인공지능_{AGI, Artificial General Intelligence}'의 등장은 아직 먼 미래의 일로 여겨진다. 전문가끼리도 AGI의 등장과 상용화에 대한 의견이 분분한 상황이다.

따라서 AI는 인간의 지능을 대체하기보다는 인간의 능력을 보완하고 확장하는 방식으로 발전할 가능성이 크다. AI는 복잡하고 반복적인 업무를 자동화하고, 인간이 놓치기 쉬운 패턴을 발견하여 의사결정에 필요한 정보를 빠르게 제공하는 똑똑한 조력자이자 동반자로서 함께 할 것이다. 결국 AI의 발전은 인간의 역할이 줄어드는 것이 아니라, 인간이 더욱더 창의적이고 전략적인 일에 집중할 수 있도록 돕는 쪽으로 꾸준히 진화할 것이다.

AI 주요 기업은 어떻게 시장을 선도하고 있을까?

오늘날 AI 분야를 선도하는 기업들은 단순히 기술 개발에 머무르지 않는다. 그들은 기업의 강점과 전략을 바탕으로 AI 기술을 발전시키고 이를 비즈니스 모델에 녹여 내며 시장을 선도하고 있다. 그러한 대표적인 기업으로 마이크로소프트, 구글, IBM을 들 수 있다.

마이크로소프트는 소프트웨어, 하드웨어, 클라우드 서비스 등을 제공하는 글로벌 IT 기업이다. 윈도우 운영체제, 오피스 365, 애저 클라우드 플랫폼 등을 통해 디지털 전환을 선도한다. 이제는 모든 제품과 서비스에 AI를 접목하는 전략을 통해 생산성과 혁신을 가속화하고 있다. 특히 기업 고객을 위한 AI Enterprise AI 시장에서 강력한 영향력을 발휘한다.

대표적으로 오픈 AI와의 협력을 통해 생성형 AI 시장에 빠르게 진입했다. 챗GPT 같은 최첨단 대규모 언어 모델을 마이크로소프트의 클라우드 서비스인 애저Azure에 통합하여 기업 고객들이 쉽게 AI 기술을 활용할 수 있도록 지원한다. 사용자는 애저 서비스를 통해 고객 상담 챗봇, 문서 요약 시스템, 코드 보조 등 다양한 형태의 AI 응용 기능을 쉽게 활용할 수 있다.

또한 마이크로소프트는 '코파일럿Copilot'이라는 AI 비서를 워드, 엑셀, 파워포인트, 팀즈 등 마이크로소프트의 핵심 생산성 도구인 Microsoft 365에 전면적으로 통합했다. 이는 사용자들이 익숙한 소프트웨어 안에서 AI의 도움을 받아 문서 초안 작성, 데이터 분석, 이메일 요약, 회의록 정리 등을 할 수 있게 함으로써 AI를 일상적인 업무에 자연스럽게 스며들게 하는 전략이다. 이 외에도 개발자들을 위한 코드 작성 도구인 '깃허브 코파일럿GitHub Copilot'을 통해 개발 생산성을 높이고 있다. 이러한 혁신은 기존 비즈니스 영역에 AI를 강력하게 접목하여 발생한 결과이다.

구글은 세계 최대의 검색 엔진을 기반으로 다양한 인터넷 서비스와 인공지능 기술을 개발하는 선도적인 기업이다. 안드로이드, 유튜브, 크롬 등 사람들에게 익숙한 서비스를 통해 전 세계인의 정보 접근성을 높였다. 특히 구글은 'AI First'를 외치며 AI 연구 및 개발에 가장 먼저 뛰어든 기업 중 하나이다. 구글은 기초 AI 연구 분야에서 압도적인 역량을 가지고 있으며, 이를 기반으로 한 방대한 서비스를 사용자에게 제공한다. 전 세계 수십억 명의 사용자는 AI를 활용한 혁신을 실시간으로 경험 중이다.

구글은 초개인화된 정보 검색과 답변을 제공하는 구글의 검색 알고리즘을 중심으로 다양한 서비스에 AI를 접목하여 기술을 꾸준히 발전시키고 있다. 최근에는 차세대 대규모 언어 모델인 제미나이를 개발하여 챗GPT와 같은 생성형 AI 시장에서 강력한 경쟁자로 떠올랐다. 더불어 기업 고객을 위해서는 '구글 클라우드'와 '버텍스 AI Vertex AI' 플랫폼을 통해 기업들이 구글의 최신 AI 기술을 활용하여 맞춤형 AI 솔루션을 구축하고 모델을 학습시킬 수 있도록 지원한다. 이처럼 구글은 방대한 데이터와 컴퓨팅 자원을 바탕으로 AI 기술의 한계를 끊임없이 확장하며 시장을 이끌고 있다.

IBM은 오랜 역사와 전통을 자랑하는 글로벌 기술 및 컨설팅 기업이다. 기업용 솔루션, 인공지능, 클라우드 컴퓨팅, 양자 컴퓨팅 등 첨단 기술 분야에서 강점을 드러낸다. 특히 AI 산업에 접근하는 방식은 다른 빅테크 기업들과는 조금 다르다. 그들은 범용적인 AI보다는 특정 산업에 특화된 AI 솔루션과 신뢰성을 일관되게 강조한다.

IBM의 대표적인 AI 플랫폼인 '왓슨 Watson'은 의료, 금융, 제조업, 법률 등 고도의 전문 지식이 필요한 산업에서 의사결정을 돕는 데 특화된 지능형 시스템으로 개발되었다. 왓슨은 2011년 퀴즈쇼 〈제퍼디!〉에서 인간 챔피언을 이기며 세간의 이목을 끌었다. 초기에는 방대한 의료 기록과 논문을 분석하여 의사의 진단을 보조하거나 개인 맞춤형 치료법을 제안하는 '왓슨 헬스 Watson Health'와 같은 야심 찬 시도가 있었다. 그러나 현실은 그렇게 낭만적이지 않았다. 왓슨 헬스는 진단 정확성, 데이터 표준화 문제, 의료진의 신뢰 확보 등 여러 장벽에 부딪히며 뚜렷한 성과를 내지 못했다. 이 과정에서 IBM은 복잡한 산업 도메인에서 AI를 어떻게 적용해야 하는지를 깨달았다. IBM은 이러한 경험을 통해 얻은 통찰력을 바탕으로 현재는 왓슨의 역량을 각 분야의 실질적인 문제해결에 집중하고 있다.

또한 IBM은 하이브리드 클라우드 환경에서의 AI 통합을 강조한다. 이는 기업들이 클라우드 환경을 유연하게 활용하면서 AI를 자사 시스템에 원활하게 도입할 수 있도록 돕는다. 그들은 AI 윤리, 데이터 프라이버시와, 투명성과 같은 비기술적인 면에서도 기업 고객들에게 신뢰할 수 있는 AI 솔루션을 제공하려 노력한다. 이는 특히 규제가 엄격하고 데이터 보안이 중요한 산업 분야에서 IBM의 차별점이 된다.

이러한 투명하고 신뢰할 수 있는 AI 생태계 구축을 목표로 하는 단체가 2023년 12월에 IBM이 주도하여 설립한 'AI 얼라이언스'이다. AI 얼라이언스는 누구나 AI 기술의 혜택을 누릴 수 있는 개방형 AI 생태계 구축을 목표로 한다. IBM은 AI 얼라이언스를 통해 오픈소스 AI 모델 개발을 지원하고 AI 안전 표준을 수립하려 노력한다.

이들 주요 기업은 저마다의 전략과 철학을 바탕으로 다양한 AI 서비스를 내놓고 있다. 중요한 것은 이들은 끊임없이 시도하고 도전한다는 것이다. 이들의 치열한 경쟁과 협력은 앞으로도 AI 기술의 혁신과 산업 전반의 변화를 가속화할 것이다.

AI는 우리 일상에 어떤 영향을 미칠까?

우리는 의식하지 못하는 사이에도 이미 AI와 함께 숨 쉬고 있다. AI는 미래의 기술이 아니라 마치 공기처럼 우리 삶의 모든 순간에 스며들어 삶의 방식을 조용히 바꿔 나가고 있는 것이다. 아침에 눈을 뜨는 순간부터 잠자리에 들 때까지 AI는 보이지 않는 곳에서 우리 일상을 더욱 효율적이고 편리하게 만들어 주며 우리에게 새로운 경험을 선보인다.

하루를 시작하며 가장 먼저 찾는 물건은 아마 스마트폰일 것이다. 스마트폰이 없는 세상은 이제 생각조차 하기 힘들 정도가 되었다. 이 작은 기기에는 AI가 관여한 수많은 기능이 담겨 있다.

시리, 빅스비, 구글 어시스턴트 같은 스마트폰의 음성 비서에 오늘 날씨를 묻거나, 알람을 확인하는 것은 어느 순간부터 일상이 되었다. 시리와 빅스비를 불렀는데 아무런 대답이 없을 때의 불안감이 이를 방증한다. AI는 우리의 음성을 정확히 인식할 뿐만 아니라 질문의 맥락을 이해하고 마치 사람처럼 대화하며 정보를 제공한다. 사용자가 "근처 맛집을 추천해 줘"라고 말하면 AI는 현재 사용자의 위치와 시간, 이전에 선호했던 음식 종류를 분석해 결과를 제시한다. AI가 단순한 정보 제공자를 넘어선 것이다.

또한 AI는 우리가 즐겨 보는 인터넷 포털이나 SNS에서 우리가 좋아할 만한 기사나 콘텐츠를 추천해 준다. 쇼핑 앱에서는 자신의 구매 이력과 검색 패턴을 분석해 취향 저격에 가까운 상품을 제안한다. 스마트폰 카메라의 다양한 사진 모드를 활용해 전문가처럼 멋진 사진을 찍을 수 있게 돕는 것도 AI의 섬세한 손길 덕분이다. AI는 스마트폰을 단순한 기계의 범주를 넘어 한 사람을 위한 개인 비서이자 정보 큐레이터로 진화시켰다.

집 안에서도 AI는 우리의 삶을 더욱 안락한 공간으로 탈바꿈시킨다. 스마트 홈 기기들은 AI를 통해 우리의 생활 방식을 학습하고 스스로 작동하며 에너지 효율을 높인다. 냉장고는 내부 식품 상태를 스스로 인식해 신선도 알림을 제공하고, 세탁기는 빨래 종류와 무게를 자동으로 감지해 최적의 세탁 코스를 선택한다. 로봇 청소기는 공간을 스스로 인식하고 장애물을 피해 효율적으로 청소 경로를 설정한다. 스마트 온도 조절기는 가족들의 외출 및 귀가 시간을 학습하여 알아서 실내 온도를 조절한다. AI 스피커는 음악을 재생하거나 날씨 정보를 제공하는 단계를 넘어서 집 안의 조명, 에어컨, 보일러 등을 음성으로 제어하는 스마트 홈의 허브 역할을 한다. 실제로 국내에서도 아파트 분양 시에 스마트 홈 시스템을 기본으로 제공하는 사례가 늘고 있다.

이러한 기술은 머신러닝 알고리즘이 기기에 탑재되어 사용자의 생활 방식을 학습하고 그에 따라 스스로 동작을 최적화하기 때문에 가능하다. AI 기반의 이러한 기기들은 서로 연동되어 스스로 작동하며 우리 삶의 편의를 극대화한다. AI는 집을 단순히 머무는 공간이 아니라, 우리의 일상을 이해하고 돕는 숨 쉬는 공간으로 만드는 것이다.

AI가 바꿔 놓은 개인의 일상

AI의 영향력은 단순히 가정에서의 편리함을 넘어 우리 삶에 다양한 영향을 미치고 있다. AI는 여러 분야에서 우리에게 새로운 기회를 제공함과 동시에 익숙했던 역할과 방식을 변화시키도록 돕는다.

AI는 우리의 건강을 책임지는 역할을 한다. 손목에 착용하는 스마트 밴드, 스마트 워치 등은 AI를 통해 개인의 활동량, 심박수, 수면 패턴 등을 끊임없이 분석한다. 이를 바탕으로 개인에게 최적화된 운동 목표를 제안하고, 건강 상태에 맞는 식단 조언을 제공한다. 스트레스 수준을 파악하여 명상이나 휴식을 권하기도 한다. 이 밖에도 AI 기반의 심리 건강 앱은 챗봇과의 대화를 통해 정신 건강을 관리하도록 돕는다. 더 나아가 AI는 의료 영상 분석을 통해 미세한 질병 징후를 미리 발견하거나, 개인의 유전 정보와 생활 습관을 바탕으로 맞춤형 예방과 치료법을 제안한다. 앞으로 우리는 AI의 도움으로 더 건강하고 활기찬 삶을 계획하고 실천할 수 있게 된 것이다.

AI는 문화와 교육의 폭을 확장한다. 넷플릭스Netflix, 유튜브, 스포티파이Spotify 같은 콘텐츠 플랫폼은 AI를 이용해 우리의 시청 및 청취 성향을 꼼꼼히 분석한다. 우리가 이전에 봤던 영화나 들었던 음악을 바탕으로 개인에게 꼭 맞는 맞춤형 추천을 제공한다. 하나의 취향에 맴돌 수도 있지만 새로운 취향을 발견하거나 몰랐던 명작을 만나는 기회도 많아질 수 있다. 또한 AI 기반의 교육 플랫폼은 개인의 학습 수준과 속도를 실시간으로 파악하여 난이도를 조절하고 취약한 부분을 집중적으로 보완할 수 있는 맞춤형 학습 콘텐츠를 제공한다. 외국어 학습 앱에서는 AI 튜터가 문법과 발음을 교정하고, 글쓰기 앱에서는 AI가 문장력을 점검하고 교정한다. 이처럼 AI는 문화와 교육의 문턱을 낮추고 동시에 양과 질을 끌어올리는 역할을 할 수 있다.

AI는 여분의 시간을 만들어 낸다. 우리가 운전하거나 길을 찾을 때 사용하는 내비게이션 앱은 실시간 교통 정보를 AI로 분석하여 가장 빠르고 정확한 길을 안내한다. 갑작스러운 차량 정체를 예측하여 우회 경로를 빠르게 제안한다. 차량 호출 앱은 운전자와 승객을 효율적으로 연결하고, 수요에 따라 요금을 조절하며 서비스의 효율성을 높인다. 아직 상용화 초기 단계지만 자율주행차 기술의 발전은 AI가 우리의 운전을 대신하고 사고 위험을 획기적으로 줄여 주는 미래를 예고한다. 우리는 이동하는 데 필요한 시간을 줄여서 만든 시간을 활용하여 다양한 활동을 할 수 있다.

AI는 금융의 개념을 쉽게 이해시킨다. AI 기반의 금융 앱은 우리의 지출 습관을 꼼꼼히 분석하여 불필요한 소비를 줄이도록 돕고, 저축 목표를 달성하기 위한 현실적인 피드백을 제공한다. 투자 분야에서는 AI가 방대한 시장 데이터를 분석하여 개인의 투자 성향에 맞는 포트폴리오를 추천하거나, 의심스러운 거래를 실시간으로 탐지하여 금융 사기로부터 우리의 소중한 자산을 보호한다. AI는 복잡하고 어렵게 느껴지던 돈 관리를 보다 쉽고 현명하게 할 수 있도록 돕는다.

AI가 바꿔 놓은 사회 속 일상

AI는 사회 속 우리의 일상을 변화시킨다. AI는 직장에서의 업무 효율성과 의사결정의 질을 높인다. AI는 방대한 데이터를 빠르게 분석하여 데이터 입력, 보고서 작성, 이메일 분류, 회의록 요약, 기본적인 고객 문의 등 반복적이고 규칙적인 업무를 자동화한다. 직원들은 지루하고 반복적인 작업을 벗어나서 창의적이고 전략적인 고부가 가치 업무에 집중할 수 있게 된다. 이를 통해 시장 동향을 예측하고, 신제품 개발 방향을 결정하며, 뛰어난 마케팅 전략을 수립하는 등 더욱 정확하고 신뢰할 수 있는 의사결정을 내릴 수 있다.

최근에는 재택근무가 확산하면서 AI가 원격 협업 도구에 핵심 기술로 자리 잡았다. 화상 회의 중 AI 회의록을 만들 뿐만 아니라 실시간으로 자막을 생성하고, 자동으로 통역하며, 발언자 감지 등의 기능을 통해 글로벌 협업을 가능하게 한다. 이는 물리적 거리에 영향을 받지 않는 유연한 협업 환경을 만드는 데 도움을 주며, 팀원들이 핵심 논의에 집중할 수 있도록 돕는다.

더 나아가 AI 기술의 발전은 기존의 많은 직업이 AI를 활용하게 할 뿐만 아니라 새로운 유형의 직업을 만들어 낼 수 있다. AI 개발자, 데이터 과학자, 머신러닝 엔지니어, 프롬프트 엔지니어, AI 윤리 전문가 등 AI 관련 전문 직업이 더욱 주목받는다. AI는 직장인에게 새로운 역량을 요구하지만, 동시에 더 나은 업무 환경과 혁신적인 기회를 제공한다.

이러한 일상의 변화는 AI가 단순히 기술적 도구가 아닌 삶의 질을 향상하는 존재로 자리매김하고 있음을 보여 준다. 물론 개인 정보 보호, 기술 의존 문제, 윤리적 판단 같은 새로운 과제도 생겨나지만, 현재로선 AI가 가져올 긍정적인 변화가 더 크게 와닿는다. 우리는 이 변화의 흐름을 이해하고 AI를 현명하게 활용하는 방법을 배우며, AI와 함께 더 나은 미래를 만들어 갈 준비를 해야 한다.

AI는 비즈니스에 어떤 영향을 미칠까?

    오늘날 AI는 단순한 최신 기술을 넘어 기업의 생존과 성장을 좌우하는 핵심 요소로 자리매김했다. 과거에는 기술 도입이 업무를 돕는 도구 역할에 그쳤다면, 이제는 일의 방식 자체를 바꾸고 있다. 특히 기업들은 경쟁력을 높이기 위한 전략의 하나로 AI를 점점 더 적극적으로 도입하고 있다. 고객과 소통하는 방식부터 제품을 만들고 시장에 내놓는 과정, 미래를 예측하는 의사결정 방식까지 기업 활동의 모든 부분을 근본적으로 변화시키고 있다. 비즈니스의 핵심 활동이 AI를 통해 재편되고 있는 것이다.

    가장 먼저 눈에 띄는 변화는 고객의 경험과 관련한 부분이다. AI는 고객 한 명 한 명을 깊이 이해하고 그들의 숨겨진 니즈까지 충족시키는 초개인화된 서비스를 가능하게 한다. 예를 들어 온라인 쇼핑몰의 AI 기반 추천 시스템은 고객이 이전에 이용했던 데이터를 빠르고 정확하게 분석하여 '당신이 좋아할 만한' 상품들을 제안한다. 이는 수많은 제품 속에서 헤매지 않고 자신에게 필요한 것을 빠르게 찾도록 도와 고객의 만족도를 높이고, 기업에는 판매를 증진하는 효과를 가져온다.

특히 고객 서비스 분야의 변화는 고객 만족도가 오래도록 지속할 수 있게 한다. 이제 우리는 언제 어디서든 24시간 내내 AI 기반 챗봇과 음성봇을 만나 간단한 예약 변경, 주문 상태 확인, 자주 묻는 질문 등의 기본적인 문의에 관한 즉각적인 응대를 받을 수 있다. 이는 고객의 대기 시간을 줄이고 편의성을 높인다. 기업은 고객 서비스 운영 비용을 크게 줄일 수 있게 된다. 더 나아가 AI는 고객과의 대화에서 나타나는 감정을 분석하여 고객 만족도를 예측한다. 복잡한 문제나 감성적인 응대가 필요하면 전문 상담사에게 연결하여 고객 경험의 질을 높인다.

또 다른 근본적인 변화는 데이터 분석 분야이다. 대부분 기업은 상상할 수 없을 만큼 방대한 데이터를 보유하고 있다. 이 빅데이터는 단순한 정보 더미가 아니라 기업의 미래를 바꿀 수 있는 생명줄과 같다. 그러나 문제는 그 데이터를 어떻게 이해하고 활용할 수 있느냐이다. AI는 이러한 지점을 해결하는 데 도움을 준다. AI의 머신러닝 기술은 데이터를 빠르게 분석해 그 속에 숨은 패턴을 찾아내기 때문이다.

이러한 통찰력은 기업의 예측 및 최적화 능력을 비약적으로 향상시킨다. AI는 과거의 생산, 유통, 판매 관련 데이터를 학습하여 미래의 소비자 행동을 예측하거나, 위험 요소를 미리 감지하는 일을 가능하게 한다. 과거에는 고객 설문 조사나 피드백을 바탕으로 제품을 개선했다면 이제는 고객 리뷰, SNS 데이터, 검색 기록 등을 분석해 트렌드를 미리 파악하여 앞서 나간다. 이는 기업의 의사결정을 직감에서 데이터 기반의 과학으로 전환하여 효율적인 경영을 가능하게 한다.

마지막으로 AI는 기업의 운영 효율성을 증대시킨다. 반복적이고 규칙적인 백오피스 업무들은 로봇 프로세스 자동화RPA, Robotic Process Automation나 AI 기반 소프트웨어를 통해 자동화된다. 마케팅, 디자인, 콘텐츠 제작 등 창의적인 업무에서도 AI는 강력한 보조 도구로 활용되어 아이디어 구상 시간을 단축한다. 직원들은 조금 더 창의적이고 전략적인 업무에 집중하여 생산성 향상과 인력 운영의 효율성을 높일 수 있다. 이는 기업의 경쟁력을 근본적으로 강화하는 핵심 엔진 역할을 한다. 이처럼 AI는 단순히 기존 작업을 자동화하는 수준을 넘어서 기업이 일하는 방식을 근본적으로 재설계하게 만든다. 경영 전략, 인사 관리HRM, Human Resources Management, 마케팅, 물류 등 경영 분야와 상관없이 AI의 영향력은 점점 커지고 있다. 더는 AI가 기술 부서만의 관심사가 아니다. 경영진부터 실무자까지 모두가 AI를 이해하고 다룰 수 있어야 하는 시대가 된 것이다.

산업 지형도를 바꾸는 AI의 물결

AI는 각 산업에 다양한 영향을 미친다. 각 산업이 갖는 고유 구조, 데이터의 특성, 고객과의 접점이 달라서 산업마다 AI의 영향력은 다르게 나타난다. 대신 AI가 각 산업에서 핵심 과정을 바꾸는 방향으로 작동하고 있다는 점은 공통으로 발생한다. AI는 개별 기업의 효율성 증대를 넘어서 각 산업의 특성과 가치 전반에 걸쳐 혁명적인 변화를 불러오고 있다.

먼저 산업의 대부분을 차지하는 제조업은 AI의 가장 큰 수혜를 입는 분야 중 하나이다. AI는 공장의 스마트 팩토리를 가속화한다. 스마트 팩토리란 정보통신 기술을 활용해 생산 과정을 자동화하고 최적화한 지능형 공장을 말한다. AI는 생산 설비에서 발생하는 데이터를 실시간으로 취합하고 분석하여 일어날 문제를 파악한다. 센서와 연결된 AI 시스템은 설비의 미세한 진동이나 온도 변화를 감지하여 고장을 예측하고, 부품 교체 시기를 미리 알려 준다. 이를 통해 유지 보수 비용과 생산 중단 시간을 획기적으로 줄일 수 있다. 또 로봇 자동화는 AI의 지능을 더해 더욱 정교하고 유연하게 작업을 수행하며 생산성을 높인다. AI는 제조업의 모든 과정을 스마트하게 연결하여 생산성과 품질을 혁신하고 있다.

다음으로 유통업에서 AI는 고객 맞춤형 서비스를 가능하게 만든다. AI는 고객의 구매 이력, 검색 패턴, 매장 내 동선 데이터까지 분석해 개인 맞춤형 상품 추천을 제공한다. 자신이 관심을 가질 만한 광고가 노출되는 이유가 여기에 있다. 이러한 맞춤형 서비스는 단순히 고객 만족을 넘어 구매율과 매출로도 이어진다.

이러한 과정은 온라인뿐만 아니라 오프라인 매장에서도 이어진다. AI 기반의 키오스크나 디지털 사이니지Digital Signage(LED나 LCD를 활용한 디스플레이 광고 게시판)가 고객에게 맞춤 정보를 제공한다. 특히 가상 피팅Vurtual Fitting 기술은 AI를 통해 고객이 옷을 직접 입어 보지 않고도 자신에게 어울리는지 확인할 수 있게 돕는다. 또한 AI 기반의 수요 예측 시스템은 특정 제품이 언제, 얼마나 팔릴지 정확하게 예측하여 재고를 최적화하고 품절이나 과잉 재고로 인한 손실을 줄인다. 물류 센터에서는 AI가 효율적인 물품 배치와 배송 경로를 최적화하여 배송 시간을 단축하고 비용을 절감한다.

다음으로 금융업은 AI가 활발하게 적용되는 분야 중 하나이다. AI는 금융 거래의 안전성과 효율성을 동시에 높인다. AI 기반 신용 평가 시스템은 과거 데이터와 다양한 사회경제적 요소를 파악하고 분석하여 개인과 기업의 신용도를 더욱 정확하게 평가하여 대출 승인을 돕는다. 또한 AI는 수많은 금융 거래 데이터를 실시간으로 모니터링한다. 평소와 다른 이상 거래 패턴을 파악하여 수상한 거래를 사전에 차단할 수 있다. 이는 고객 보호뿐 아니라 금융 기관의 리스크를 줄이는 데에도 중요한 역할을 한다.

자동화된 투자 시스템인 '로보 어드바이저'는 AI를 통해 고객의 투자 성향과 목표를 분석하여 개인 맞춤형 투자 포트폴리오를 추천하고 관리해 준다. AI 챗봇은 단순 문의를 해결하고 기본적인 금융 정보를 제공하여 고객 만족도를 높이고 금융 지점의 업무 부담을 줄인다. 이처럼 AI는 금융 서비스의 접근성을 높이고 고객의 자산을 더욱 안전하고 효율적으로 관리하도록 돕는다.

마지막으로 서비스업에서는 분야별로 다양하게 AI가 적용되고 있다. 의료 분야에서는 X-ray나 MRI 같은 환자의 의료 영상을 분석하여 암이나 다른 질병의 증상을 미리 확인할 수 있다. 신약 개발에서는 AI가 수많은 화합물 데이터를 분석하여 유효한 후보 물질을 빠르게 찾아내어 개발 기간과 비용을 단축한다. 개인의 유전 정보와 생활 습관을 기반으로 맞춤형 치료법이 적용될 수 있다. 교육 분야에서는 AI 기반의 학습 플랫폼이 학생 개개인의 학습 속도와 이해도를 분석하여 최적화된 학습 경로를 제시한다. AI 튜터는 맞춤형 피드백을 제공하며 학습 효율을 높인다. 법률 분야에서는 AI가 방대한 법률 문헌, 판례, 계약서 등을 빠르게 분석하여 변호사의 업무 부담을 줄이고 효율성을 높인다. 분야와 상관없이 서비스 산업에서의 AI 도입은 브랜드 이미지와 고객 충성도에도 직접적으로 영향을 미치게 된다.

이처럼 AI는 대부분 산업의 디지털 전환을 가속화한다. 단순히 기존 업무를 자동화하는 정도에 머물지 않고 새로운 비즈니스 모델과 가치를 창출한다. 물론 한계점은 존재하고 보완해야 할 부분도 많다. 그러나 분명한 건 AI를 잘 활용하는 기업과 그렇지 못한 기업 사이의 격차는 점점 더 벌어진다는 것이다. 비즈니스에서 AI는 더는 선택 사항의 영역이 아니다. 비즈니스 성공을 위한 필수적인 전략이자, 생존과 직결된 문제이다.

AI를 공부해야 하는 이유는 무엇일까?

오늘날 AI는 마치 새로운 언어처럼 우리 삶의 모든 부분을 변화시키고 있다. 이제 AI는 컴퓨터와 스마트폰을 다루는 능력처럼 현재와 미래를 살아가는 데 필수적인 역량으로 자리 잡고 있다. AI를 특정 대상에게만 필요한 먼 기술의 영역으로 느낀다면 앞으로의 시대를 살아갈 수 없게 될지도 모른다. 그렇다고 단순한 관심에 머물러선 안 된다. AI에 대한 올바른 이해와 활용 능력이 필요하다. 이는 개인이건 기업이건 누구나 삶에서 주도권을 차지할 수 있는 하나의 경쟁력이 되었다.

이런 흐름에서 꼭 알아야 할 개념이 바로 AI 리터러시_{AI literacy}다. 리터러시란 '단순히 읽고 쓸 줄 아는 능력'을 넘어서 어떤 현상을 올바르게 이해하고 비판적으로 바라보며 활용할 수 있는 능력을 말한다. 즉 AI 리터러시는 AI의 기본 개념과 작동 원리를 이해하고 어떻게 활용할 수 있는지 체계적으로 이해하는 역량을 의미한다. 더 나아가 AI가 가진 잠재력뿐만 아니라 AI의 한계와 윤리적 함의까지 폭넓게 파악하고 이해하는 것까지 포함된다.

AI 리터러시를 갖춘다는 것은 개인의 역량을 비약적으로 강화하는 것과 직결된다. AI는 우리가 반복적이고 지루한 업무에서 벗어나 창의적이고 전략적인 일에 집중할 수 있도록 돕는다. AI를 이해하고 활용하는 능력은 업무 효율성을 높이고 복잡한 문제 해결 능력을 향상한다. 미래사회는 AI를 잘 활용하는 사람이 주도할 것이며, 이는 개인과 기업의 경쟁력을 높이는 가장 확실한 방법이 된다.

AI 기술은 계속 진화하고 있어서 단순하게 사용법만 익히는 것은 충분하지 않다. 기술이 바뀌면 도구도 바뀌고, 우리가 해야 할 판단도 달라진다. 이때 '기본 원리를 이해한 사람'은 새로운 도구가 등장해도 빠르게 적응할 수 있다. 마치 컴퓨터의 프로그래밍 개념을 아는 사람이 그렇지 않은 사람보다 훨씬 더 빠르게 디지털 환경에 적응했던 것과 같다.

중요한 것은 AI를 '읽을 줄' 아는 사람과 '모르는' 사람의 성과 차이는 시간이 갈수록 더욱 벌어질 것이다. 마치 컴퓨터와 인터넷의 등장이 정보 격차를 만들어 냈던 것과 같다. 그때와 다른 점이라면 벌어지는 속도의 차이가 확연히 다르다는 점이다. AI는 AI를 쓰는 사람의 속도를 가속화한다. AI를 이해하고 적극적으로 활용하는 사람은 방대한 정보를 빠르게 분석하고, 복잡한 아이디어를 시각화한다. 실제로 다양한 연구를 통해 AI 기반 업무 도구를 쓴 팀이 그렇지 않은 팀보다 생산성이 더 높았음이 증명되고 있다. 이들에게 AI는 단순한 도구가 아니라 생산성을 극대화하고 창의력을 폭발시키는 협력자가 되는 것이다.

반면 AI의 흐름을 읽지 못하거나 올바르게 읽지 못하는 사람은 점차 뒤처질 수밖에 없다. 앞으로 AI가 발전할수록 AI를 활용하지 못하는 사람은 AI가 아닌 AI를 활용하는 사람에게 대체될 위험이 커진다. 실제로 많은 기업에서 AI와 관련된 지식이나 도구를 잘 다루는 사람은 프로젝트를 기획하거나 팀을 이끄는 데 있어서 더 많은 기회를 잡는다. AI를 잘 모르는 사람은 복잡한 업무에서 배제되거나 단순 반복 업무만을 맡게 될 위험이 있다. 단순히 일한 기간이 길었다고 해서 더 나은 업무 실력을 갖추었다고 볼 수 없는 것이다. 이는 직업 안정성과 소득 차이로도 이어질 수 있다. 결국 AI를 안다는 것은 단순히 앎의 영역을 넘어 급변하는 세상 속에서 자신의 가치를 높이고 새로운 기회를 잡는 중요한 전략이 된다.

AI를 효과적으로 공부하는 현실적인 방법

그렇다면 AI를 어떻게 공부해야 할까? 모두가 전문가가 될 수는 없다. 그러나 중요한 건 아는 것과 모르는 것은 차이가 엄청나다는 것이다. AI는 방대하고 빠르게 발전하는 분야이기에 무작정 뛰어들기보다는 시간을 절약하며 효율적으로 이해도를 높이는 전략적인 접근이 필요하다. 다행히 오늘날에는 AI를 학습할 수 있는 다양한 양질의 자료가 우리를 기다리고 있다.

책은 가장 기본이자 신뢰도가 높은 학습 방법이다. 영상의 시대가 왔어도 책은 언제나 효과가 증명된 학습법이다. AI의 기본 개념부터 복잡한 이론, 그리고 역사적 배경까지 체계적이고 심층적인 지식을 제공한다. 대신 두꺼운 이론서보다는 실제 사례와 함께 설명된 입문서가 더 효과적이다. 이후 전문적인 영역으로 가기 위해서는 그 분야에 특화된 책을 선택하면 좋다. 책은 저자의 오랜 경험과 통찰이 농축되고 숙성된 와인과 같다. AI 지식의 견고한 기반을 쌓는 데 필수적인 역할을 한다. 특정 용어에 대한 자세한 풀이가 필요하다면 책만큼 친절한 안내자는 없을 것이다.

온라인 강의는 시간과 장소의 제약 없이 학습할 수 있는 큰 장점이 있다. 코세라Coursera, 에드엑스edX, KOCW, K-MOOC와 같은 국내외 유명 온라인 공개강좌MOOC 플랫폼은 세계 유명 대학과 기관에서 제공하는 AI 관련 강의를 들을 기회를 제공한다. 이러한 강의들은 전문가들의 체계적인 설명과 함께 실습 과제를 줘서 이론을 실제에 적용해 보는 경험을 쌓도록 돕는다. 최신 AI 트렌드를 반영한 강의들이 꾸준히 업데이트되므로 시대에 뒤처지지 않는 지식을 습득할 수 있고 자신에게 맞는 난도와 속도를 조절할 수 있다. 처음부터 긴 강의를 보기보다는 하루 10분씩이라도 꾸준히 학습하면 복잡한 용어나 개념이 점차 익숙해진다. 필요하다면 특정 분야만 집중적으로 학습할 수 있다.

동영상 요약 및 강좌 콘텐츠는 시간을 절약하며 AI에 대한 이해도를 높이는 데 효과적이다. 유튜브, TED, AI 관련 뉴스 요약 콘텐츠들은 복잡한 AI 개념을 짧은 시간 내에 사람들이 원하는 핵심 정보만 전달하는 데 탁월하다. 출퇴근 시간이나 점심시간 등 짧은 시간을 활용하여 콘텐츠 시청이 가능하다. 최신 AI 흐름을 파악하고 새로운 개념을 빠르게 흡수하는 데 큰 도움이 된다. 텍스트만으로 이해하기 어렵고 복잡한 AI 모델의 작동 원리를 직관적으로 파악하는 데 특히 효과적이다. 대신 출처가 신뢰할 수 있는지 꼭 확인해야 한다. 지금과 앞으로의 시대는 정보가 넘치지만, 정확한 정보는 항상 부족하기 때문이다.

물론, AI 학습에서 가장 중요한 것은 직접 AI 도구를 활용하고 경험하는 것이다. 단순히 정보를 습득하고 개념을 이해하는 것은 학습에 한계가 명확하다. 챗GPT나 제미나이 같은 대규모 언어 모델을 직접 사용해 보고, 이미지 생성 AI로 그림을 만들어 보고, 간단한 데이터 분석 도구로 AI의 작동 원리를 체험해 보는 것은 그 어떤 이론 학습보다 강력한 효과를 가져온다. 써 보면서 느끼는 불편함이나 오류는 곧 학습의 기회가 될 수 있다. 이 책을 읽고 나서 아무런 행동을 하지 않는다면 이 책에서 얻은 가치는 그저 수많은 지식 중 하나에 머물 수 있다. 온라인 커뮤니티나 학습 그룹에 참가하여 다른 사람들과 질문하고 지식을 공유하는 것

 Chapter 1 AI의 어깨에 올라타기

도 AI 이해의 폭을 넓히는 아주 좋은 방법이다. 이렇게 실생활에서 AI를 직접 경험하고 활용하면 'AI 이해'는 지식이 아닌 능력이 된다.

AI를 공부하는 것은 단순히 새로운 지식을 얻는 것에서 멈추지 않는다. 변화하는 시대를 이해하고 그 안에서 자신의 역량을 확장하며 새로운 기회를 만들어 가는 가장 현명한 투자이다. AI는 단지 전문가만의 도구가 아니다. 지금 당장 배우고 활용해야 할 '우리'의 현재이자 미래이다.

AI
MASTER
BIBLE
CHAPTER 2
기업의
리더를 위한
AI 활용

기업의 리더에게 AI가 필요한 이유

오늘날 기업 환경은 그야말로 예측 불가능한 격변의 시대를 맞이하고 있다. 특히 코로나19 이후 마주한 변화는 불과 몇 년 후의 시간도 예상을 어렵게 만들었다. 급변하는 기술과 복잡해지는 글로벌 시장 상황 등 이전과는 차원이 다른 도전 과제들이 쉴 새 없이 쏟아진다.

이런 상황에서 기업의 리더는 개인의 과거 경험이나 직감만으로는 효과적인 의사결정을 내리기 어렵다. 이제 리더에게는 비전과 도전적인 카리스마를 비롯해 AI의 광범위한 다양한 지식과 데이터를 속도 있게 잘 이해하고 활용하는 새로운 형태의 지식경영 관리 리더십이 요구된다. 기존의 리더십의 기준과 선택의 중요성 자체가 바뀌고 있다.

AI의 출현으로 이제는 더 빠른 지식 검색, 다양한 정보를 활용하는 속도가 생명인 지식경영 시대이다. 빠른 시간경영관리를 할 수 있는 탁월한 서비스를 AI가 제공하고 있다.

전통적인 리더십은 주로 리더 개인의 경험과 통찰력을 바탕으로 한 강력한 리더십이 주목받았다. 리더는 조직 안에서 개인, 팀, 부서 등의 수많은 회의와 보고서를 통해 정보를 취합하고 구성원의 의견을 조율하여 최종적으로 자신의 판단으로 중요한 결정을 내리는 역할을 했다. 하지만 정보의 양이 폭발적으로 증가하고 시장의 속도가 급진적으로 빨라지면서 과거의 의사결정 방식이나 성공 방정식이 더는 통하지 않는 시대가 온 것이다.

이전에는 개인이 수용하고 인지하는 지식을 조직에서 다듬거나 합의해 결정하는 시대였다면, 이제는 방대한 지식의 데이터를 가지고 있는 AI를 활용한 지식경영관리 리더십이 필요가 아닌 필수가 되어야 한다. AI는 단순한 기술이 아니다. 그것은 의사결정의 방식 자체를 바꾸고 판을 흔든다. 과거에는 조직원이 합심하여 만든 보고서를 통해 리더가 모든 것을 이해하고 책임지며 방향을 제시하는 사람이었다면, 이제는 AI와 함께 방대하고 객관적인 데이터 기반으로 분석과 통찰을 끌어내어 신속한 보고서 작성과 의사결정을 하는 사람이 되어야 한다.

AI 기반 리더십은 리더의 개인적인 역량에 AI의 객관적인 데이터 분석과 예측 능력을 결합하여 훨씬 빠르고 정확하게 의사결정을 내리는 것이 핵심이다. 리더십의 본질을 바꾸는 것이 아니다.

  Chapter 2 기업의 리더를 위한 AI 활용

리더가 더 나은 결정을 할 수 있도록 하는 '고도화된 리더십'에 가깝다. AI는 리더가 미처 파악하지 못한 시장의 미세한 변화를 파악하고, 고객의 숨겨진 니즈를 분석한다. 복잡한 내부 데이터를 통해 비효율적인 부분을 찾아내어 리더십의 가장 큰 덕목인 의사결정을 돕는다.

이처럼 AI를 활용하면 리더는 정보에 접근하는 방식 자체를 바꿀 수 있다. 과거에는 정보가 부분적으로 파편화되어 있거나, 거시적이면 의미를 찾기 어려웠다. 하지만 AI는 기업 내외부의 모든 데이터를 마치 살아 있는 생명체처럼 연결하고 분석한다. AI 기반의 데이터 분석 플랫폼을 사용하면 수십억 건의 고객 구매 기록, 웹사이트 방문 통계, 소셜 미디어 언급량, 경쟁사 동향 보고서 등을 단 몇 초 만에 분석한다. 이를 바탕으로 산업 트렌드와 기업의 현재 상황을 일목요연하게 전달받을 수 있다. 이는 리더가 특정 정보를 파악하기 위해 수많은 시간과 인력을 투입해야 했던 과거와는 완전히 다른 풍경이다.

이렇게 빠른 시간 안에 함축된 정보를 바탕으로 리더는 훨씬 날카롭고 정교한 전략을 세울 수 있다. AI가 특정 제품의 수요 감소를 예측하고 그 원인으로 경쟁사의 신제품 출시와 광고 모델을 이야기한다면, 리더는 그에 걸맞게 제품 기능을 개선하거나, 새로운 마케팅 전략을 세워 대응할 수 있다. 또한 AI는 다양한 시나리오를 시뮬레이션하여 각 전략이 가져올 잠재적 위험과 기회를 예측해 준다. 과거에 '감感'이라고 불렸던 결정 방식이 데이터에 기반한 합리적인 전략적 의사결정 방식으로 바꾸도록 돕는다. AI는 정보를 직감보다 앞서는 객관적인 이성의 지점으로 끌어올리는 데 도움이 되는 것이다. 이에 따라 리더는 실패의 불확실성을 줄이고, 시장 변화에 민첩하게 대응하며 경쟁 우위를 확보할 수 있게 된다.

업무 이해와 효율성 확장을 위한 AI의 역할

AI는 리더의 전략 수립을 돕는 것에 그치지 않고 리더의 일상적인 업무 이해 방식과 효율성을 확장한다. 리더에게 시간은 금보다 귀하다. 하지만 기존의 리더는 회의, 문서 작성, 이메일 확인, 등 반복적이고 소모적인 업무에 많은 시간을 빼앗기곤 했다. 리더에게도 필요한 부분이나 이런 반복 업무는 리더십에 우선되는 것은 아니다. AI는 이러한 업무들을 혁신하여 리더가 '생각하는 일'에 집중할 수 있도록 돕는다. 이는 단지 편리함을 넘어 리더가 고차원의 전략과 조직 관리에 더 집중할 수 있게 한다.

가장 눈에 띄는 부분은 회의 문화이다. 전통적인 회의는 수많은 발언이 오가다 보니 중요한 내용을 놓치기 쉬웠다. AI는 이러한 단점을 해소한다. AI 기반의 회의록 자동 작성 도구는 회의 중 오가는 모든 대화를 텍스트로 변환한다. 주요 발언자, 핵심 주제, 논의 사항, 리더의 피드백 등을 자동으로 요약하여 제공한다. 더 나아가 AI는 회의에서 논의된 내용을 분석하여 이전 회의의 연장선에서 연관성을 찾거나 필요한 추가 정보를 자동으로 검색하고 판단하여 리더에게 제공한다. 리더는 회의가 끝난 후 AI가 정리해 준 핵심 요약 및 제안을 통해 빠르게 현재 상황을 파악하고 후속 행동을 진행할 수 있다.

문서와 관련해서도 많은 변화가 일어날 수 있다. 리더는 수많은 보고서, 제안서, 프레젠테이션 자료 등을 작성하거나 검토해야 한다. 문서를 작성하는 것만으로도 많은 시간이 필요하다. AI는 이 과정에서 강력한 조력자가 될 수 있다. 리더가 몇 가지 핵심 아이디어만 제공하면 AI는 그 아이디어를 바탕으로 보고서를 작성하거나 프레젠테이션 슬라이드의 내용을 구성한다. 리더가 원하는 특정 문체나 어조에 맞춰 문장을 다듬을 수 있다.

법률 문서나 계약서처럼 전문성이 요구되는 문서의 경우에, 예전에는 변호사나 법무사의 전문적인 의견을 반영해서 작성했다면 이제는 AI가 과거의 수많은 데이터를 학습하여 필요한 조항을 찾아내거나 아주 합리적으로 작성해 줘서 쉽게 활용하는 시대이다. 경영자나 전문가는 잠재적 위험 요소를 조금 더 세밀하게 적용하고 구별하는 데 참여하면 된다. 이러한 AI의 도움은 리더가 문서 작성에 들이는 시간을 획기적으로 줄여 준다. 더불어 내용의 정확성과 일관성을 높여 고차원적인 전략 구상과 업무 진행에 집중할 수 있도록 한다.

AI는 조직 전체의 업무 이해와 협업 방식을 혁신하기도 한다. AI는 조직 내부의 모든 데이터와 기록을 학습한다. 리더나 팀원은 과거의 특정 자료를 일일이 찾아보거나 담당자에게 문의하지 않고 AI에 질문하여 즉시 답변을 얻을 수 있다. 이는 정보 탐색 시간을 줄여 주며 리더와 구성원이 필요한 지식에 빠르게 접근하여 업무를 더 깊이 이해하고 실행하도록 돕는 신속한 경영관리 시대이다.

또한 AI는 구성원 간의 커뮤니케이션 데이터를 분석하여 팀의 협업 패턴을 파악하고, 개선할 부분을 리더에게 제공한다. AI에 대한 리더의 이해가 빠르고 깊을수록 구성원 간의 소통이 원활해진다. 특히 AI와 최전선에서 일하는 기술 부서와는 새로운 기술 도입에 대한 구성원의 저항을 줄일 수 있다. 리더가 AI를 통해 어떤 판단을 내리는지 보여 주는 순간에 구성원들은 그 방향성을 이해하고 신뢰하게 된다. 이는 리더십의 강력한 자산으로 작용할 수 있다.

이처럼 AI를 잘 활용하는 리더는 단순히 효율적인 관리자 그 이상이 될 수 있다. 리더는 기술을 이해하고, 그것이 조직과 고객에게 어떤 가치를 줄 수 있는지 고민하며, 이를 전략적으로 설계하고 실행할 수 있다. 반복적이고 데이터에 기반한 업무는 AI에 맡기고 리더는 기업의 올바른 성장을 위한 다양한 노력에 수많은 시간을 투여할 수 있다. AI는 리더십의 보완재가 아닌 새로운 시대의 핵심 역량으로 자리 잡게 된다. 이 변화에 적극적으로 적응한 리더만이 미래를 주도할 수 있다.

자, 질문을 바꿔 보자. 우리는 AI를 도입할 것인가가 아니다.

AI를 어떻게 회사의 경영관리와 리더십을 의사결정에 잘 녹여 낼수 있는가이다. 이 질문에 준비가 된 리더만이 AI 시대를 성공적으로 헤쳐 나갈 수 있을 것이다.

AI는 기업에 어떻게 영향을 미칠까?

AI는 기업의 생존과 성장을 좌우하는 가장 강력한 변수가 되었음을 부정할 수 없다. 그래서 수많은 기업이 앞다투어 AI를 기업에 적용하려 노력하고 있다. 기업이 AI를 도입하는 방식은 천차만별이다. 어떤 기업은 AI를 핵심 비즈니스 모델에 깊숙이 통합하여 고객 경험을 혁신하고 운영 관리의 효율을 극대화한다. 하지만 어떤 기업은 AI가 만능 해결사인 줄 알고 무작정 도입하다가 문턱을 제대로 넘지 못해 실패의 쓴맛을 보기도 한다. 이처럼 AI는 양날의 검처럼 기업에 엄청난 기회와 신중한 접근의 필요성을 동시에 던져 준다.

AI DNA를 기업에 새기다 — 아마존, 넷플릭스

세계 최대의 전자상거래 기업인 아마존Amazon은 인류 최초의 도서관의 이름을 딴 AI 알렉사Alexa를 사용하고 있으며, 동시에 AI 운영 시스템을 기업의 DNA에 심었다고 볼 수 있다. 아마존의 AI는 고객이 웹사이트에서 어떤 제품을 클릭하고, 무엇을 검색하며, 어떤 것을 구매하는지에 대한 방대한 데이터를 끊임없이 학습한다. 이를 바탕으로 개인 맞춤형 추천 시스템을 고도화하여 고객이 본 것을 재추천하거나 딱 필요한 물건을 찾기 전에 제안하여 고객 만족도를 높이고 판매를 비약적으로 늘렸다.

아마존의 물류 창고에서는 AI 기반의 로봇들이 쉴 새 없이 움직이며 상품을 분류하고 운반하여 물류 프로세스를 자동화하고 최적화한다. AI가 수요를 정확하게 예측하여 재고 관리를 효율화하여 불필요한 비용을 줄인다. 이는 단순한 기술 도입이 아닌 기업 운영의 패러다임을 바꾸는 방식이었다. 더 나아가 아마존은 클라우드 AI 서비스를 기반으로 한 '아마존 웹 서비스AWS'를 통해 다른 기업들도 쉽게 AI를 도입하고 활용하도록 지원하며 AI 생태계를 확장하고 있다.

넷플릭스는 AI를 통해 콘텐츠 산업의 판도를 바꾼 기업이며, 넷플릭스의 AI의 핵심은 개인 맞춤형 콘텐츠이다. 시청자의 시청 기록, 선호하는 장르, 시청 시간대, 심지어 일시 정지하거나 빨리 감기 하는 습관까지 분석하여 다음에 어떤 콘텐츠를 시청할지 정확하게 예측하고 추천한다. 이러한 넷플릭스의 정교한 시스템은 시청자들의 만족도를 높여 이탈률을 낮추고, 고객의 시간을 점유하는 데 결정적인 역할을 했다.

더 나아가 AI는 전 세계 시청자들의 데이터를 분석하여 어떤 장르의 콘텐츠가 인기 있는지, 어떤 배우나 감독의 조합이 성공할 가능성이 큰지를 예측하며 오리지널 콘텐츠 제작 투자 결정에 영향을 미친다. 이를 CRM Customer Relationship Management, 즉 고객 관계 경영 또는 고객 맞춤 경영이라고 한다. '어떻게 하면 고객이 원하는 것을 알아서 고객과 더 오래도록 잘 관계를 유지할 수 있을지에 대해서 AI는 넷플릭스가 글로벌 시장에서 성공적인 콘텐츠를 기획하고 효율적으로 운영하는 데 필수적인 전략 도구가 된 것이다. 이러한 방식은 넷플릭스 콘텐츠 경쟁사에도 영향을 줘 시장 규모의 확장으로 이어지고 있다.

아마존과 넷플릭스의 공통점은 AI를 고객 가치 창출과 핵심 비즈니스 운영 효율화에 깊이 통합하고 관여했다는 것이다. 이들은 AI를 단순한 기술 도입이 아니라 데이터를 기반으로 비즈니스 모델 자체를 혁신하고 고객 경험을 근본적으로 개선하는 핵심 전략으로 삼았다. 또한 AI 학습에 필요한 양질의 데이터를 지속해서 확보하고 AI가 가져올 수 있는 실질적인 성과를 정확히 인지하여 장기적인 관점에서 투자했다.

AI의 오해와 한계 —IBM, Zume Pizza

IBM은 오랜 역사와 전통을 자랑하는 글로벌 기업으로서 AI를 선도하는 위치에 있다. 특히 IBM은 AI 왓슨을 활용한 '왓슨 헬스'로 암 진단 및 치료법 추천이라는 고난도 의료 분야에 진출했다. 처음에는 방대한 의료 논문과 환자 데이터를 학습하여 의사를 능가하는 진단 정확도를 보여 줄 것으로 기대했다. 하지만 현실은 달랐다. 왓슨은 실제 의료 현장에서 일어나는 실시간 데이터를 학습하는 데 어려움을 겪었다. 특히 병원의 데이터에 편향되어 일반적인 환자에게 적용하기 어렵거나, 의사의 직감과 순간의 판단을 AI가 따라오지 못했다. 왓슨은 의사나 환자에게 올바른 신뢰도를 건네지 못했고 자연스럽게 수요의 급감으로 이어졌다. 결국 왓슨 헬스는 초기 기대만큼의 성과를 내지 못하고 대부분 사업부를 매각하거나 축소하며 실패를 인정해야 했다.

줌 피자Zume Pizza는 2015년 설립된 피자 배달 스타트업이다. 줌 피자는 시작할 시점부터 AI와 로봇 기술을 활용하여 피자 생산부터 배달까지 모든 과정을 자동화하겠다고 밝혔다. 기존의 기업은 배달 시간이 오래 걸려서 배달된 피자의 맛이 없다는 점을 타겟으로 삼은 것이다. 이를 해결하고자 줌 피자는 주방에서는 로봇이 반죽을 만들고 토핑을 올리며, 오븐이 달린 트럭이 피자를 구우면서 배달하는 방식을 선택했다. 당시 쉽게 볼 수 없던 신선한 기업 방식은 많은 투자자에게 매력을 선보였다.

하지만 이 프로젝트에 문제들이 하나씩 발견되었다. 로봇이 특정 공정에는 효율적이었지만 재료의 미묘한 차이나 고객의 다양한 요청에 유연하게 대응하기 어려웠던 것이다. 특히 피자 배달 트럭이 코너를 돌거나 시내에서 충돌 사고를 일으키면서 상황은 더 심각해졌다. 무엇보다 비싼 초기 투자 비용과 유지 보수 비용이 사람이 하는 작업 대비 경제적 이점을 제공하지 못했다. 즉 식품 기업의 핵심 목표인 맛보다 효율적인 기술에 집중함으로써 기업을 뒤흔들 중요한 문제로 이어진 것이다. 결국 줌 피자는 2020년에 이 프로젝트를 실패로 인정하며 사업에서 철수했다. 이로 인해 직원 대규모가 해고되는 결과로 이어지기도 했다.

IBM과 줌 피자의 사례는 AI 도입의 핵심이 기술 자체보다 '활용의 맥락'에 있음을 보여 준다. 모든 것을 AI로 자동화하는 것이 항상 최선은 아니며, AI가 조직의 현실과 목적에 맞게 가장 큰 가치를 창출할 수 있는 영역에 집중하는 전략이 중요함을 보여 준 것이다.

이러한 성공과 실패 사례를 통해 AI 도입 전에 기업이 반드시 고려해야 할 사항을 몇 가지로 들 수 있다.

첫째, 명확한 목표 설정이다. AI를 왜 도입하려 하는지에 대한 명확한 답이 없으면 AI 도입은 단순한 유행에 그칠 수 있다. 둘째, 양질의 데이터 확보와 관리이다. AI는 데이터에 기반하여 학습하므로 데이터의 양과 질이 중요하다. 셋째, 전문가와의 긴밀한 협력이다. AI는 각 분야 전문가의 노하우가 더해지면 큰 효과를 낼 수 있다. 넷째, 점진적인 도입과 현실적인 기대치 설정이다. 작은 성공 경험을 통해 AI의 가능성을 검증하고 점차 확증해 나가는 방식이 실패 위험을 줄일 수 있다. 다섯째, AI 윤리이다. AI 기술의 가속화가 이루어질수록 윤리성에 관한 철저한 검증이 필요하다.

AI로 미래를 선점하다

기존에 조직과 집단이 수많은 경영 기법을 적용하여 탑다운이나 다운탑을 통해 많은 자료와 시간이 걸리는 의사결정과 경영관리를 했던 시대였다면 이제는 AI의 등장으로 신속한 자료 조사와 의사결정 및 분석 자료를 얻을 수 있게 되었다. 이 사실만으로도 기존 방식은 데이터의 양이나 시간 절약의 속도면에서 뒤떨어진다.

그렇다면 기존의 방식보다 더 개선된 수많은 분야의 서비스, 기술, 시스템이 변화하는 시기인 이때가 새로운 사업 기회를 얻을 수 있고 선점할 수 있는 기회의 시기인 것이다. 그래서 관심을 가지고 무엇에 AI를 도입하여 더 좋고 빠른 서비스를 제공할 것인가를 시장과 기업, 소비자 측면에서 관심을 갖고 사업과 제품의 기회를 찾아야 한다.

수많은 기업이 AI를 도입하여 발생시킨 성공과 실패의 과정에서 우리는 AI가 가져다줄 수 있는 거대한 시장의 가치를 명확히 인식하고 있다. 특히 AI는 기업의 경제적 성과를 극대화하고 경영적 경쟁력을 한 단계 더 발전시키는 결정적인 요소로 작용할 수 있기 때문이다.

먼저 AI를 경제적 관점에서 바라보자.

첫째, 방대한 데이터에 기반한 빠른 검색과 요약으로 기존의 자료 조사, 검토 과정, 보고 서류 작성, 결제 시간 등을 확 줄여서 효율적이고 효과적인 의사결정 과정을 거치게 한다.

둘째, 반복적이고 규칙적인 업무를 자동화하여 인건비를 줄이는 데 도움을 준다. 고객 서비스에서는 AI 챗봇을 사용하여 24간 고객 응대가 가능해지면서도 상담 인력에 대한 부담을 크게 덜 수 있다. 생산에서는 로봇 자동화가 제조 비용을 낮추고 생산 효율성을 높여 에너지 사용량을 최적화하거나 물류 경로를 효율화하여 운송비를 줄일 수 있다. 제조업에서는 AI 예측 시스템을 활용해 장비 고장으로 인한 생산 중단 손실을 막아 불필요한 지출을 막는다. 이처럼 AI는 기업의 모든 영역에서 낭비를 줄이고 효율을 높인다.

셋째, 기업의 수익을 증대하는 데도 탁월한 능력을 발휘한다. AI 기반의 정교한 개인 맞춤형 마케팅은 고객의 구매 전환율을 높여 직간접적인 매출 증대로 이어지게 한다. 동시에 시장 트렌드를 빠르게 분석하고 고객의 잠재적 니즈를 예측하여 기업이 신제품이나 신규 서비스를 더 빠르게 개발하고 시장에 출시하도록 돕는다. 이 정보는 마케팅, 제품 기획, 고객 서비스 전반에 걸쳐 활용되어 새로운 수익원을 창출하고 시장을 선점하는 기회로 이어질 수 있다. 실제로 다양한 보고서에 따르면 AI를 적극적으로 도입한 기업은 그렇지 않은 기업보다 평균적으로 수익률이 20~25% 더 높은 것으로 나타났다. 다만 이 수치는 AI가 단독으로 성과를 내는 것이 아니라, 적절한 전략과 사람의 판단이 함께 작동할 때 가능한 결과임을 인지해야 한다.

다음으로 경영적 관점에서 바라보면 AI가 의사결정 구조 자체를 변화시킨다는 점에서 의미가 크다. 과거에는 리더가 자료를 수집한 보고서를 바탕으로 의사결정을 내렸다. 이제는 AI가 데이터를 분석해 시장 변화를 민감하게 감지하고 잠재적 위험을 예측하여 다양한 시나리오를 제공한다. 이를 통해 조직의 의사결정 속도가 빨라지고, 의사결정의 질도 높아질 수 있다. 리더의 직감에만 의존하던 방식에서 벗어나 데이터 기반의 객관성과 투명성을 확보할 수 있다.

또한 반복적인 업무를 자동화_{RPA, Robotic Process Automation}하여 직원들이 창의적인 업무에 집중하게 하여 개인의 생산성을 높이고 조직 전체의 역량을 강화한다. 이는 기업의 생산성과 혁신을 동시에 가속화한다. 더 나아가 시장에서 혁신적인 이미지를 구축하고 명확한 경쟁 우위를 확보할 수 있다. 기업의 브랜드 가치가 높아져 고객에게는 만족도를 높이고, 경영에서는 우수 인재 유치와 지속 가능한 성장의 중요한 자산이 된다.

한편, AI가 기업에 가져올 부작용에 대한 준비도 되어 있어야 한다. 과도한 자동화는 일자리 축소, 데이터 편향 등으로 이어질 수 있다. 따라서 기업은 AI 도입과 함께 책임 있는 기술 활용, 안전, 보안 점검 등의 전략을 수립해야 한다. 투명한 알고리즘 설계, 지속적인 윤리 검토 등은 AI 시대에 기업이 경쟁력을 유지하면서도 사회적 책임을 다하는 길이 된다. 이러한 변화는 이제 거대한 기업의 울타리를 넘어 개인 사업자에게까지 빠르게 확산되고 있다.

AI, 개인과 스타트업의 지형을 바꾸다

AI의 영향력은 기존 조직의 효율성을 높이는 데 그치지 않고 비즈니스의 지형 자체를 바꾸고 있다. 특히 자본이나 인력이 부족한 개인과 스타트업이 거대 기업과 경쟁할 수 있는 강력한 무기가 된다는 점에서 주목할 만하다. AI는 복잡한 분석이나 마케팅을 대신 수행하며, 개인의 창의력과 실행력을 더해 '1인 기업'의 가능성을 현실로 만든다.

먼저 AI는 개인 브랜딩의 방식을 근본적으로 변화시킨다. 과거 인플루언서나 크리에이터의 성공이 인기나 직감에 의존했다면, 이제는 AI를 활용한 '데이터 기반 전략'이 핵심으로 들어왔다. 대표적인 인물로 미스터비스트MrBeast를 이야기할 수 있다. 전 세계에서 가장 많은 유튜브 구독자를 가진 그는 단순히 자극적인 콘텐츠를 만드는 게 아니라 유튜브 알고리즘을 철저히 분석한다. 그는 썸네일과 제목을 보고 영상을 클릭하는 비율CTR, 평균 시청 시간AVD 등의 데이터를 AI로 분석하고 예측하여 콘텐츠를 기획한다. 더 나아가 소셜 미디어 데이터를 바탕으로 AI 수요 예측을 진행하고 고객 반응을 분석해 다음 콘텐츠의 범주를 형성한다.

뷰티 크리에이터 이사배의 사례도 마찬가지다. 그녀는 AI 뷰티 앱을 활용해 사람의 얼굴 구조, 피부 톤을 데이터 기반으로 분석하고 이를 콘텐츠에 녹여 낸다. '나에게도 저런 화장이 어울릴까?'라고 생각하는 사람들에게 맞춤용 답을 제시한다. 브랜드와 협업할 때도 AI를 활용한 색상 조합 데이터를 기반으로 제품 설계를 제안하며 비즈니스 파트너로 영향력을 행사한다.

이들은 AI 기술 자체를 개발하는 사람이 아니라 AI 시대의 감각으로 일하는 개인 사업자이다. AI를 유연하게 활용해 콘텐츠를 실험하고, 축적된 데이터 속에서 감을 찾아내며 팬덤을 비즈니스로 성장시키는 것이다.

AI의 영향력은 창업 현장에서도 두드러진다. AI는 창업의 진입 장벽을 획기적으로 낮추며 'AI 네이티브AI-Native' 비즈니스를 탄생시킨다. 미국의 '스티치 픽스Stitch Fix'는 AI가 비즈니스의 심장 역할을 하고 있다. 고객이 입력한 설문(스타일, 사이즈, 예산)을 기반으로 AI가 수십만 개의 아이템 중 최적의 제품을 추천하고, 고객의 피드백과 반품 기록을 다시 학습하여 추천의 정확도를 높이는 것이다. 이는 '개인 스타일리스트'라는 경험을 AI로 구현하여 재고 효율을 높이고 반품률을 낮춰 1조 원 이상의 매출을 달성하는 데 지대한 역할을 했다.

또한 영상 편집 툴 '디스크립트Descript' 역시 AI를 통해 기존 시장을 파괴했다. 처음에는 음성을 텍스트처럼 편집하는 도구로 시작했으나, AI 음성 합성 기술을 도입해 사용자의 목소리를 복제하고 타이핑만으로 음성 콘텐츠를 생성하게 만들었다. 편집자가 한 문장을 고치기 위해 재녹음을 하던 고통스러운 과정을 AI로 해결한 것이다. 이들은 AI를 통해 영상 편집으로 서비스를 확장하며 거액의 투자를 유치했다.

이처럼 AI는 아이디어만 있던 개인에게 실행할 힘을 제공한다. 이제 중요한 것은 AI를 얼마나 많이 아느냐가 아니라, 얼마나 자연스럽게 자기 일에 녹여 내느냐이다. AI는 인간의 감각과 데이터를 연결해 아이디어가 실현되는 속도와 범위를 혁신적으로 바꾸고 있다. 이를 통해 개인 사업자가 거대 기업과 경쟁하고 자신만의 독보적인 시장을 개척하는 것이다. 기업이 AI로 시장을 선점한다면, 개인은 AI로 자신의 세계를 확장해 나간다.

AI 리더를 위한
고객 경험 혁신 역량

기업의 성공은 결국 고객의 마음을 얻는 것에 달려 있다. 고객 경험은 단순한 만족을 넘어 고객이 기업과 상호작용하는 모든 순간에 느끼는 총체적 감정과 인식이다. 특히 요즘처럼 선택지가 넘쳐나는 세상에서 고객이 한 브랜드에 머무르는 시간은 점점 짧아지고 있다.

대표적으로 최근에 에이피알APR이란 화장품 회사가 전통적인 국내 최고의 화장품 회사인 아모레퍼시픽 주가를 뛰어넘은 사례가 있다. 시대 변화에 맞춰 고객이 원하는 제품을 신속하게 출시하고 온라인으로 고객의 경험 마케팅을 정확하게 전달하는 것이 얼마나 중요하게 작용하는지를 실감할 수 있다. 고객이 원하는 지식과 정보, 제품과 서비스를 검색하여 선택하는 시대이다. 단순히 제품을 잘 만들거나 광고를 잘하는 것만으로는 부족하다. 고객은 이제 자신이 중요하게 여기는 경험과 선택을 원한다. 디지털 시대에 고객의 기대치는 끊임없이 높아질 것이다.

이때 AI는 고객과 기업 사이의 '경험'이라는 감각적인 영역을 수치와 패턴으로 분석한다. 이를 토대로 사람보다 더 정교하게 맞춤형 서비스를 설계할 수 있다. 이는 단순한 효율성의 영역을 벗어나 고객에게 '나는 특별하다', '나는 나만의 맞춤형 서비스가 필요하다', '나는 만족과 행복한 경험을 원한다'와 같은 느낌을 주게 만들어 기업과 고객 간의 유대감을 더욱 깊게 만든다. 더 나아가 고객이 기업을 진정으로 신뢰하고 사랑하게 만들도록 돕는다.

AI로 고객의 마음을 읽다 ─ 스타벅스, 세일즈포스, 스포티파이

스타벅스Starbucks는 단순히 커피를 파는 회사가 아니다. 고객의 취향, 행동, 위치, 시간대 등을 종합하여 최적의 메시지와 제품을 제안하는 개인화 플랫폼으로 진화하고 있다. 스타벅스는 '딥 브루Deep Brew'라는 AI 엔진을 바탕으로 매장 운영부터 마케팅까지 광범위하게 자동화한다. 예를 들어 한 고객이 쌀쌀한 날씨의 오후에 따뜻한 라테를 자주 마신다는 데이터가 쌓이면 AI는 해당 시간에 맞춰 그 고객에게 라테 관련 메시지나 신제품 쿠폰을 보낸다. 마치 고객의 취향을 정확히 아는 친구처럼 말이다. 드라이브 스루에서도 주문을 예측하여 효율적이면서도 개인화된 경험을 제공한다. 스타벅스는 AI를 활용하여 고객에게 '나만의 바리스타'가 있는 듯한 특별한 경험을 제공하는 것이다. 이는 자연스럽게 고객 충성도를 높이는 결과를 불러오게 된다.

세일즈포스Salesforce는 고객 관계 관리CRM 분야의 선두 주자인 글로벌 기업이다. 세일즈포스는 '아인슈타인Einstein'이라는 AI 엔진을 바탕으로 고객 데이터를 실시간으로 분석하고 예측한다. 기업은 이를 활용해 어떤 고객이 이탈할 가능성이 큰지, 어떤 제품에 관심을 가질지 등을 미리 파악하여 대응할 수 있다. 예측 정확도를 높이기 위해 텍스트, 이메일, 음성 통화 기록까지 분석에 활용된다. 이 모든 과정은 고객이 눈치채지 못하는 사이에 자연스럽게 이루어진다. 세일즈포스는 AI를 통해 기업이 고객 데이터를 깊이 이해하고 이를 바탕으로 고객과의 관계를 더욱 깊고 효율적으로 관리한다. 더 나아가 고객의 생애 가치를 높이도록 돕는다.

스포티파이는 최근 몇 년간 연평균 10% 이상의 유료 구독자 성장률을 보여 줌으로써 음악 스트리밍 글로벌 시장을 선도하고 있다. 특히 스포티파이는 AI를 활용해 추천 시스템을 강화한다. AI는 사용자의 청취 이력, '좋아요, 싫어요' 평가, 건너뛰기 횟수, 다른 유사한 사용자들의 청취 패턴까지 분석하여 사용자에게 매주 새로운 음악을 제안한다. 이 플레이리스트는 사용자가 전혀 몰랐던 새로운 아티스트나 장르의 음악도 놀랍도록 정확하게 추천하여 마치 자신만을 위한 전문적인 음악 큐레이터를 가진 듯하게 만든다. 스포티파이는 AI를 통해 개인의 취향을 깊이 이해하고 이를 바탕으로 '새로운 음악을 발견하는 즐거움'이란 차별화된 가치를 제공하여 고객 충성도를 극대화한다.

이러한 사례들이 보여 주듯이 AI는 단순한 기술이 넘어서 고객에게 특별하고 감성적인 경험을 제공하도록 돕는다. 이전에는 설문조사처럼 간접적인 방식으로만 고객을 이해하려 했다면 이제는 AI를 통해 고객의 실제 행동을 분석하고 이를 기반으로 실시간 대응이 가능해졌다. 고객의 니즈를 예측하여 개인에게 최적화된 서비스를 제공한다. 이러한 고객 경험의 진화는 데이터를 읽는 눈과 이를 실현하는 기술의 정교함에 달려 있다. 이 둘을 연결하는 핵심 연결고리가 AI다.

AI를 통한 개인 맞춤형 서비스의 실현

고객의 기대치가 나날이 높아지고 경쟁이 심화하는 요즘 시대에서 개인 맞춤형 서비스가 더는 선택이 아니라 기업의 생존을 위한 필수적인 전략이 되었다. 과거에는 모든 고객에게 같은 서비스를 제공하는 게 일반적이었지만, 이제 고객은 '나'를 위한 차별화된 경험을 기대한다. 정보가 넘쳐 나는 시대에 고객은 자신에게 필요한 정보와 서비스만을 선별적으로 받고 싶어 한다. 개인화된 서비스는 이를 해소할 수 있다. 또한 맞춤형 서비스는 고객의 재구매율을 높이고, 기업에 대한 충성도를 강화한다. 경쟁사보다 더 나은 고객 경험을 제공하는 기업만이 고객의 마음을 사로잡을 수 있다.

AI를 통한 고객 맞춤형 서비스는 몇 가지 단계를 통해 실현된다. 이 과정에서 고객 중심의 사고방식과 전략적인 접근이 필수로 이루어져야 한다.

1단계는 고객 데이터의 수집과 통합이다. 고객이 기업과 상호작용하는 접점과 관련된 정보를 모아야 한다. 웹사이트 방문 기록, 검색 기록, 구매 경험, 고객 서비스 문의 내용, 심지어 마우스 움직임 같은 비정형 데이터까지 수집해야 한다. 이렇게 수집된 데이터를 바탕으로 다음 단계로 넘어갈 수 있다. 이때 데이터의 양만큼이나 데이터의 품질이 중요하다. 정확하고 신뢰도 높은 데이터만이 AI가 올바르게 학습하고 의미 있는 결과를 도출하도록 돕는다.

2단계는 AI 기반의 심층 분석과 예측이다. 수집된 데이터를 바탕으로 AI는 고객의 행동 패턴을 분석하고 미래를 예측한다. 이때 활용되는 기술이 머신러닝이다. 머신러닝은 기계가 경험을 통해 스스로 학습하며 점점 더 정교한 판단을 하게 되는 기술이다. AI는 고객이 다음에 무엇을 구매할지, 어떤 서비스를 이용할지 등을 예측한다. AI가 고객의 감성적인 형태까지 분석하여 불만이 있는 고객에게는 더욱 섬세하게, 긍정적인 고객에게는 더욱 적극적으로 대하도록 가이드라인을 제공하기도 한다. 이때 잘못된 데이터를 바탕으로 분석과 예측이 실패하면 마케팅 실수를 넘어 브랜드 신뢰에 타격을 줄 수 있다.

3단계는 개인화된 상호작용과 콘텐츠 제공이다. AI 분석을 바탕으로 기업은 고객에게 가장 적합한 방식으로 다가갈 수 있다. 문자, 이메일 등 고객이 선호하는 소통 방식과 최적의 시간대를 확인하여 제품 안내 및 콘텐츠를 제공한다. 챗봇이나 음성 비서와 같은 AI 기반의 대화형 서비스는 고객의 개별적인 질문에 맞춰 자연스럽게 대화하며 필요한 정보를 준다. 이를 통해 실시간으로 궁금증을 해결할 수 있다.

4단계는 지속적인 학습과 개선이다. AI 기반 맞춤형 서비스가 지속해서 이루어지기 위한 필수 조건이다. AI 모델은 한 번 만들어졌다고 끝나지 않는다. 고객의 새로운 행동과 피드백을 통해 끊임없이 학습하고 진화해야 한다. 새로운 데이터가 들어올 때마다 모델을 업데이트하고 다양한 테스트를 통해 효과를 지속해서 검증해야 한다. 고객의 니즈와 시장 상황은 늘 변화한다. AI 또한 그 변화에 맞춰 유연하게 진화해야 한다.

5단계는 윤리성이다. AI 기반 서비스는 고객의 민감한 정보를 다루는 경우가 많아서 개인 정보 보호에 대한 철저한 준수와 보안이 필수적이다. 특정 집단을 차별하거나 잘못된 정보로 받아들이는 편향성 문제가 일어나지 않도록 잘 확인해야 한다. AI의 개인화 맞춤이 고객에게 사생활 침해나 감시로 느껴질 수 있으므로 투명한 정책과 소통이 중요하다.

고객 경험 혁신은 고객을 진정으로 이해하는 과정에서 발생할 수 있다. AI는 이러한 과정이 원만하게 이루어질 수 있도록 적극

 Chapter 2 기업의 리더를 위한 AI 활용

적으로 돕는다. 이는 고객 만족도를 높이고 고객 충성도를 확보하
여 기업의 지속 가능한 성장을 이끄는 핵심이 될 수 있다.

AI 리더를 위한
데이터 기술 역량

데이터는 기업의 생명선이자 미래를 위한 가장 중요한 자원이다. 단순히 데이터를 많이 가지는 것만으로는 부족하다. 쌓인 데이터에서 의미 있는 부분을 찾아내어 현명한 의사결정으로 이어질 수 있어야 한다. AI는 단순히 정보 수집을 넘어 데이터 속 숨겨진 패턴과 연결고리를 찾아내고 이를 통해 기업이 나아가야 할 방향을 제시한다. AI는 데이터 분석의 패러다임을 근본적으로 바꾸며 기업 혁신을 이끄는 강력한 엔진이 되고 있는 것이다.

AI로 데이터 속 숨겨진 보물을 찾다 —구글, 팔란티어

구글은 AI와 데이터 활용에서 가장 상징적인 기업 중 하나이다. 구글은 단순히 검색 엔진의 기술력이 뛰어난 것이 아니다. 전 세계 사용자들이 남긴 검색 기록, 웹사이트 방문 패턴, 클릭률, 위치 정보 등 수많은 데이터를 실시간으로 분석해 끊임없이 알고리즘을 개선한다. 우리가 찾고자 하는 정보의 의도를 정확히 파악하고 가장 관련성 높은 결과를 제공한다. 자신이 원하는 정보를 '찾는' 것이 아니라 정보가 '알아서 보이는' 것이다. 특히 구글의 AI는 사용자 질문의 의도를 예측하는 자연어 처리 기술에 강점이 있다. 이는 AI가 키워드를 매칭하고 사용자 데이터를 학습하여 숨겨진 의미를 이해할 수 있게 돕는다.

이러한 기술은 구글의 핵심 비즈니스인 광고 플랫폼에 영향을 미친다. AI는 수십억 명의 데이터와 광고 효과 데이터를 분석하여 광고주에게 최적의 타깃 고객을 추천한다. 광고 효과를 예측하여 광고주가 광고 비용을 효율적으로 잡을 수 있게 돕는다. 또한 구글은 클라우드 AI 서비스를 통해 자체적으로 축적한 강력한 데이터 분석 인프라와 AI 모델을 다른 기업들도 활용할 수 있도록 한다. 이를 통해 전 세계 기업들의 AI 도입과 데이터 기반의 혁신을 가속화 하는 것을 돕고 있다.

팔란티어Palantir는 AI 기반의 데이터 분석 기업이다. 아마존, 구글, 마이크로소프트 등 기존의 클라우드 기업들이 데이터를 저장하고 관리하는 역할을 한다면, 팔란티어는 그 데이터를 활용하여 분석한 패턴이 실행되도록 돕는다. 주로 정부, 금융 회사, 제조업체와 협력해 대규모 데이터를 분석하고 복잡한 문제에 대한 의사결정을 지원한다. 이러한 데이터 분석과 예측 기술이 독보적이어서 세계적으로도 이름을 알리고 있다.

특히 정부와 군사용 데이터 분석 플랫폼인 '고담Gotham'과 기업용 데이터 분석 플랫폼인 '파운드리Foundry'는 서로 다른 유형의 데이터를 AI가 연결하고 분석하여 숨겨진 관계를 시각화하는 데 특화되어 있다. 예를 들어 팔란티어는 고담을 활용해 테러리스트의 금융 거래 기록, 통신 기록, 여행 정보 등 파편화된 데이터를 통합 분석하여 과거에는 불가능했던 연결고리를 찾아내어 잠재적인 위협을 예측했다. 또한 코로나19 팬데믹 당시 영국 정부는 팔란티어의 파운드리를 활용해 병상 가용 현황, 백신 배포, 지역별 확산 속도 등을 통합적으로 분석하고 대응 방안을 준비했다. 단편적인 수치가 아니라 서로 연계된 변수들을 통해 종합적인 예측을 가능하게 한 것이다.

이러한 사례들이 보여 주듯이 AI는 단순히 데이터를 수집하는 것을 넘어 데이터 간의 관계를 파악하고 예측하여 현실적인 결정을 내릴 수 있도록 돕는 역할로 진화하고 있다. AI가 제공하는 결과들이 유의미하려면 데이터의 질과 연결 방식이 무엇보다 중요하다. 그리고 이 모든 과정은 결국 리더의 전략적 판단과 연결된다. 데이터를 어떤 질문으로 바라보고, 어떤 맥락에서 해석하느냐가 더욱 중요해진다.

데이터 기반 의사결정의 진짜 의미

많은 조직이 거대한 데이터를 가지고 있지만 정작 데이터를 제대로 활용하는 데는 어려움을 겪는다. 오늘날처럼 빠르게 변화하는 시장 환경에서 아직도 과거의 경험이나 직감에만 의존해서이기도 하며, 데이터를 보긴 하지만 제대로 '읽지' 못하기 때문이기도 하다. 보기와 읽기의 차이는 곧 해석과 예측의 차이로 이어진다. 이 차이를 메우는 도구가 AI이며, AI가 제공하는 데이터 기반의 의사결정이 이러한 한계를 극복하는 해법이 될 수 있다.

데이터 기반의 의사결정은 불확실성이 큰 시대에 더욱 중요해진다. 데이터는 객관적인 사실을 제시하며 현장의 움직임을 실시간으로 보여 주고 그 안에서 반복되는 패턴을 통해 미래를 예측하게 한다. 리더는 감성이나 선입견에 휘둘리지 않고 합리적인 결정을 내릴 수 있게 돕는다. 이는 곧 숨겨진 기회를 발견하고 비용을 절감하여 기업의 경쟁 우위를 확보하게 한다. 데이터 분석 역량이 곧 기업의 차별화된 경쟁력으로 직결되는 시대가 온 것이다.

기업들이 AI를 통해 데이터 기반 의사결정과 예측 역량을 개선하고 확장하기 위해서는 아래와 같은 과정을 거쳐야 한다.

먼저 데이터의 품질을 관리해야 한다. AI 모델이 아무리 뛰어나도 입력되는 데이터가 부정확하거나 일관성이 없으면 품질이 떨어지는 결과만 나올 뿐이다. 이것을 '쓰레기를 넣으면 쓰레기가 나온다Garbage In, Garbage Out'라고 한다. 데이터의 정확성, 일관성, 보안을 유지하기 위한 데이터 거버넌스Data Governance 체계를 확립하여 데이터의 신뢰성을 확보해야 한다. 잘 정돈된 데이터는 AI가 학습하고 좋은 결과물을 만들어 내는 데 기반이 된다. 동시에 AI 모델의 고도화와 다양화를 이루어야 한다. 생성형 AI를 활용하여 데이터 분석 결과를 자연어로 설명하거나 복잡한 보고서를 자동으로 생성할 수 있어야 한다. AI의 예측 결과를 사람이 이해하고 신뢰할 수 있도록 해야 한다.

다음으로 조직 내부에 데이터 문화가 자리 잡아야 한다. AI가 아무리 뛰어난 데이터를 제공해도 이를 해석하고 비즈니스에 적용할 수 있는 사람들의 역량이 부족하면 의미가 무색해진다. 리더부터 실무자까지 모든 구성원이 데이터를 올바르게 '읽고, 이해하고, 활용할 수 있는' 기본적인 능력이 있어야 한다. 이를 데이터 리터러시Data Literacy라고도 부른다. 이를 위해 데이터 분석 도구 사용법 교육, 데이터 기반의 사고방식 훈련 등을 거쳐 '데이터를 말할 수 있는' 조직이 되어야 한다. 데이터는 특정 부서만의 책임이 아니라 조직 전체의 자산이 될 수 있음을 인지해야 한다.

마지막으로 기술과 사람의 시너지를 극대화해야 한다. AI는 의사결정에 큰 영향을 미치는 강력한 도구이지만 최종적인 선택과 해석, 의사결정은 여전히 사람의 통찰력과 판단에 달려 있다. AI가 제공하는 데이터를 바탕으로 사람은 더 많은 호기심과 더 나은 질문을 던진다. 이를 통해 얻어지는 지식과 정보 속에서 더욱 창의적인 해결책을 모색해 나아가야 한다. 이로 인해 AI가 고려할 수 없는 복합적인 상황과 사람다운 가치를 결합하여 최적의 결정을 내릴 수 있어야 한다. AI는 데이터를 분석해 줄 수 있지만, 그 분석을 의미 있는 방향으로 해석하고 다듬어 가는 것은 결국 우리 자신이다.

이처럼 AI를 통한 데이터 역량은 기술의 문제보다 사고방식의 변화이자 조직 운영 관점의 전환에 가깝다. 기업은 과거의 관성에 끌려다니지 않고 AI를 통한 데이터 역량을 활용하여 미래를 스스로 예측하고 설계할 힘을 가져야 한다. 이 힘은 단순한 경쟁력을 넘어 기업의 미래를 좌우하는 가장 강력한 변수가 될 것이기 때문이다.

AI 리더를 위한 제품 생산 및 판매 역량

제품 생산과 판매는 기업의 핵심이자 지속적인 성장을 위한 필수적인 활동이다. 고객이 원하는 제품을 제때 만들고, 효과적인 방식으로 시장에 내놓아 판매하는 과정은 기업의 생존을 결정한다. 특히 오늘날처럼 유행이 빠르게 바뀌고 소비자의 선택이 예측하기 어려워진 시장에서는 더욱 그러하다. 제품과 판매가 잘 이루어지기 위해서는 얼마나 빠르게 시장의 변화를 읽고, 효율적으로 대응하는가에 달려 있다. AI는 이 역량을 극대화하도록 돕는다.

AI, 제품 생산과 판매의 전략을 바꾸다 — 자라, 쇼피파이, 나이키

세계적인 패션 기업인 자라ZARA는 패스트 패션Fast Fashion의 대명

사로 불린다. 자라는 AI를 활용하여 초고속으로 시장 반응에 대응한다. AI를 이용해 실시간으로 매장 판매 및 재고 데이터, 고객 피드백, 소셜 미디어 트렌드, 패션 인플루언서들의 활동을 확인하고 분석한다. 이를 통해 어떤 디자인, 색상, 소재가 현재 시장에서 인기가 있으며 앞으로 어떤 트렌드가 떠오를지 빠르고 정확하게 예측한다. 이를 바탕으로 '디자인-생산-판매' 주기를 획기적으로 단축하여 몇 주 내에 신제품을 소량으로 생산해 매장에 내놓을 수 있다. 이처럼 자라는 대량 생산보다는 민첩한 공급에 집중하는 전략을 택하여 재고 부담을 줄이고 판매율을 높이는 데 성공했다.

자라의 AI 활용은 단순한 수요 예측을 넘어서 시장 감각을 기업의 의사결정에 반영한 대표적인 사례다. 이를 통해 패션 시장이라는 변화무쌍한 환경에서 놀라울 정도의 정확도와 속도로 대응하고 있다. 이는 경쟁사와의 경쟁에서 살아남을 수 있는 강력한 경쟁 우위로 볼 수 있다.

이커머스 플랫폼인 쇼피파이Shopify는 AI를 핵심 엔진으로 활용하여 판매자들이 제품을 만들고 판매하는 데 필요한 다양한 기술을 제공한다. 특히 수많은 중소기업과 사업자가 AI를 통해 고객을 분석하고 제품 판매 전략을 정교하게 세울 수 있도록 지원한다. 예를 들어 고객의 구매 이력, 검색 패턴, 선호도 등을 분석하여 특정 대상에게 인기 많은 상품을 비슷한 속성을 가진 고객에게 자동으로 노출하고 마케팅 메시지도 조정하여 고객의 구매 전환율을 높인다. 이러한 정교한 타겟팅이 과거에는 대기업의 영역에

속했지만, 이제는 소규모 판매자도 비슷한 수준의 전략을 가질 수 있게 되었다.

또한 쇼피파이는 판매자들이 재고를 예측하고 최적의 가격을 설정한다. 배송을 최적화하는 데 필요한 데이터를 제공하여 판매 효율성을 높인다. 판매자들은 AI 분석 도구를 통해 인기 상품, 구매 트렌드, 경쟁사 동향 등을 빠르게 파악하고 비즈니스 전략을 준비한다. 판매자는 복잡한 마케팅 방법을 따로 배우지 않아도 AI의 제안을 통해 효율적인 운영이 가능해진다. 이는 판매자가 데이터 분석에 들이는 시간을 줄이고, 더 창의적인 전략이나 고객 관리에 집중할 수 있게 해 준다.

세계적인 스포츠 브랜드인 나이키Nike는 '나이키 바이 유Nike By You'와 같은 개인 맞춤형 플랫폼에 AI를 적극적으로 활용한다. 고객은 자신의 취향에 따라 색상, 소재, 패턴 등을 선택하거나 AI가 제안하는 조합을 참고하여 직접 디자인을 완성할 수 있다. AI는 고객의 선호도, 활동 데이터, 디자인 패턴 등을 분석하여 고객에게 디자인을 추천하고 이를 생산으로 연결한다. 이는 고객에게 특별한 경험을 제공하며 나이키가 고객의 니즈를 정확히 파악하여 제품 개발에 반영하도록 돕는다.

또한 '나이키 핏Nike Fit'은 머신러닝을 바탕으로 한 추천 알고리즘으로 스마트폰 카메라로 발 모양을 3D로 스캔하여 정확한 발 길이와 너비, 발등 높이를 측정하여 나이키 제품 페이지에서 자신의 발에 맞는 사이즈를 추천받는다. 전문적인 측정 없이도 집에서 간

편하게 발 측정이 가능하다. 이 밖에도 AI를 활용해 글로벌 판매 데이터, 주요 스포츠 이벤트, 문화 트렌드 등을 복합적으로 분석하여 특정 신발이나 의류의 수요를 예측하고 재고를 효율적으로 관리한다. 이를 통해 나이키는 제품 개발과 판매 전략을 더욱 고도화한다. 고객의 요구를 정확히 반영한 제품을 만들고 효율적으로 판매하여 스포츠 브랜드 시장을 선도하고 있다.

이러한 사례들을 바탕으로 AI가 제품 생산부터 판매 관리까지의 모든 영역에 깊이 관여하여 고객 중심의 혁신을 이끌어 가는 핵심 도구임을 알 수 있다.

AI를 활용해 시장 상황 빠르게 분석하고 대응하기

오늘날 기업이 시장 변화에 빠르게 반응하고 적절히 대응하는 능력은 제품 생산과 판매의 개념을 넘어 기업의 생존과 성장을 위해 필수적이다. 시장의 변화 속도와 복잡성은 이례적이라 할 만큼 빨라졌고, 소비자 니즈는 더욱 개인화되고 세분화한다. 기업은 시장의 미세한 신호를 감지해 새로운 기회를 포착하고, 잠재적인 위협에 미리 대응해야 한다. AI는 이러한 부분에서 좋은 해법을 제공한다.

AI를 활용하여 시장 상황을 빠르게 분석하기 위해서는 수많은 데이터를 모아야 한다. 기업의 내부 판매, 고객 행동, 생산 데이터, 소셜 미디어 트렌드, 뉴스 기사, 온라인 리뷰, 거시 경제 지표 등의 데이터를 실시간으로 수집하고 통합해야 한다. 머신러닝 알고리즘은 통합된 데이터에서 패턴을 학습하여 미래 수요를 예측하고 새로운 트렌드 변화를 감지해야 한다. AI 리더는 이러한 데이터를 바탕으로 합리적인 의사결정을 내려야 한다. 그리고 이 결과에 대한 피드백 데이터를 다시 AI 모델에 학습시켜 시스템을 지속해서 개선하고 최적화하는 과정을 거쳐야 한다. 이를 통해 기업은 시장 변화에 대해 더욱 민첩하고 유연하게 대응하며, 공급망 전체의 효율성을 높일 수 있다.

이러한 과정이 원활하게 이루어지기 위해서는 데이터의 신뢰성과 일관성을 확보해야 한다. 그렇지 않으면 AI 분석 결과의 정확도를 떨어뜨릴 수 있다. 이는 차후 중요한 의사결정에 AI 결과를 전적으로 신뢰하기 어려운 경우로 이어지게 만든다.

이를 해결하기 위해서는 AI가 다양한 시장 데이터를 통합하고 분석하는 고도화된 시스템을 개발해 나가야 한다. 이는 AI가 새로운 데이터와 환경에 맞춰 예측의 정확도를 높이고 변수에 더욱 유연하게 대응할 수 있게 한다.

특히 AI 시대에 성공하고 싶다면 실력 있고 능력 있는 AI 응용 기술자나 AI 프로그램 개발자 등 AI 전문가와 친해야 한다. 깨어있는 CEO라면 선도적 선점, 시대 변화에 편승하기 위해서라도 지금 당장 AI 전문가들과 친해지라고 말하고 싶다.

AI 리더를 위한 물류, 유통, 재고 관리 역량

기업들의 경쟁력은 제품의 가격과 서비스의 품질만으로 결정되지 않는다. 고객이 원하는 시점에, 원하는 장소로, 원하는 품질의 상품을 얼마나 안정적으로 전달할 수 있는지가 중요하다. 그 중심에는 물류, 유통, 재고 관리가 있다.

이는 기업의 수익성과 고객 만족도를 결정하는 핵심 요소가 된다. 오늘날처럼 복잡하고 예측 불가능한 공급망 환경에서는 재고 부족으로 인한 기회 손실, 과잉 재고로 인한 비용 낭비, 비효율적인 운송과 납기 지연 등은 기업의 손실과 직결된다.

AI는 이 영역의 패러다임을 혁신하며 기업의 운영 효율성을 높이고 있다. AI는 수요 예측부터 재고 관리, 운송 최적화, 창고 자동화에 이르기까지 물류, 유통, 재고 관리의 모든 단계를 혁신하며 기업의 경쟁력을 한 차원 끌어올리고 있다. 이러한 AI 역량은 기업이 비용을 절감하고, 고객 만족도를 높일 수 있게 한다.

AI, 물류를 혁신하다 — 아마존, 월마트, UPS

앞서 언급한 아마존을 다시 살펴보자. 아마존은 AI를 활용하여 물류의 모든 과정을 지능화하고 예측 기반의 최적화를 실현하고 있다. 아마존은 고객의 과거 구매 이력, 검색 패턴, 장바구니에 담긴 상품 등 수많은 데이터를 분석하여 특정 상품의 수요를 정확하게 예측한다. 이를 바탕으로 아마존은 상품이 팔리기도 전에 고객과 가장 가까운 물류 센터로 미리 이동시켜 놓는 '예측 배송Predictive Shipping'을 현실화했다. 이 모델은 지역별, 계절별, 사용자 특성에 따른 데이터를 실시간으로 분석해 물류 흐름을 미리 조정하고, 전체 배송 효율성을 높이도록 돕는다.

아마존의 물류 센터에서는 아마존 로보틱스Amazon Robotics가 최적의 경로로 상품이 담긴 선반을 이동시키고, 분류하며, 저장한다. 사람들은 로봇이 가져다준 상품을 관리하는 역할에 집중하여 생산성을 높일 수 있다. 또한 AI는 실시간 교통 정보, 날씨 등을 분석하여 수많은 배송 차량에 효율적인 배송 경로를 제공한다. 때로는 드론 배송, 자율주행 차량과 같은 미래 지향적인 배송 방법을 선택하여 아마존의 물류 경쟁력을 한 차원 높이고 있다.

글로벌 유통 공룡인 월마트Walmart도 AI 활용을 선도하고 있다.

월마트는 AI를 활용하여 옴니채널 시대의 재고 효율성을 높이는 데 힘쓰고 있다. 옴니채널이란 소비자가 온라인, 오프라인, 모바일 등 다양한 경로를 활용하여 상품을 검색하고 구매하도록 한 서비스를 말한다. 월마트는 수많은 오프라인 매장에서 판매한 데이터와 온라인 주문 기록을 바탕으로 AI가 각 상품의 재고 수준을 실시간으로 파악한다. 이는 품질로 인한 기회 손실과 과잉 재고로 인한 손실을 최소화하도록 돕는다. 특히 신선 식품과 같이 소비 기한이 짧은 상품은 AI가 판매 추이와 소비 기한 데이터를 분석하여 폐기율을 낮춰 손실을 줄인다.

또한 AI 기반 재고 예측 시스템을 통해 각 지역 점포에 어떤 제품을 어느 정도 수량으로 배치할지 결정하고 그 점포에서 가장 잘 팔릴 상품을 우선 배치한다. 이러한 시스템을 통해 불필요한 과잉 재고를 줄이고, 반대로 인기 제품의 고객 구매를 유도하여 매출을 증대시킨다.

글로벌 물류 강자인 UPS_{United Parcel Service}는 AI를 활용하여 운송 네트워크를 지능화했다. UPS의 핵심 AI 기반 시스템인 '오리온_{ORION, On-Road Integrated Optimization and Navigation}'은 수천 대의 배송 차량에 실시간으로 효율적인 운송 경로를 제공한다. 오리온은 교통 상황, 날씨 변화, 배송 요청 등을 분석하여 최적의 경로를 계산하고 연료비와 배송 시간을 줄인다. 이 시스템 덕분에 UPS는 매년 엄청난 규모의 연료비와 시간을 절약하고 있다. 또한 UPS는 AI 비전 시스템을 활용해 컨베이어 벨트 위의 수많은 물건을 빠르게 인식하고 분류하여 처리 속도를 높인다. AI가 운송 장비의 상태를 확인하여 고장을 예측하고 유지 보수할 부분을 미리 확인한다. UPS는 AI를 통해 글로벌 네트워크 속에서 운영 효율성을 높이고 비용을 절감해 고객에게 신뢰성 높은 배송 서비스를 제공하고 있다.

이러한 기업들의 사례는 AI가 예측, 최적화, 자동화 능력을 급격히 향상시켜 경쟁 우위를 확보하고, 고객에게 더 나은 서비스를 제공하는 데 필수적인 역할을 하고 있음을 보여 준다.

AI로 공급망을 최적화하다

물류와 유통은 공급망 관리SCM, Supply Chain Management의 핵심이다. 이 공급망은 생산자에서 소비자에 이르기까지 다양한 주체와 자원이 연결된 복잡한 네트워크다. 과거에는 이 과정을 사람 중심의 경험과 직감에 따랐다면 이제는 데이터 기반의 의사결정이 더욱 중요해진다.

AI는 방대한 양의 데이터를 분석해 공급망에 발생할 수 있는 변수들을 예측하고 시뮬레이션한다. 예를 들어 기후 변화, 국제 정세 변화, 원자재 가격 변동 등이 공급망이 영향을 미칠 거라 판단되면 AI는 이를 미리 감지해 시나리오별 대응 전략을 제시하는 것이다. 이러한 기능은 팬데믹이나 전쟁과 같은 위기 상황에서 특히 빛을 발할 수 있다. 실제로 코로나19 당시 AI를 활용한 예측 시스템을 보유한 글로벌 기업들은 빠르게 대체 공급처를 확보하거나 재고를 조정해 피해를 최소화했다.

　AI는 실시간 재고 관리에도 뛰어난 역량을 선보인다. AI는 IoT(사물인터넷) 기술이 적용된 센서들이 설치된 창고, 매장, 트럭의 재고를 실시간으로 파악한다. 이를 바탕으로 각 제품의 재고 수준을 분석하고 품절이나 과잉 재고를 막는다. AI는 수요 예측을 바탕으로 각 상품의 적정 재고 수준을 실시간으로 유지하며 보관 비용을 줄이고 현금 흐름을 개선한다. 만약 고객이 온라인에서 구매했지만 오프라인 매장에서 빠르게 가져가려 하면 AI는 지역별 재고 현황, 물류 흐름, 고객 위치 데이터를 실시간으로 파악해 가장 빠른 경로와 지점을 추천한다. 이는 고객의 만족을 높이며 기업 운영 효율성을 동시에 달성할 수 있다.

　이러한 공급망이 원활하게 돌아가려면 해결해야 할 부분도 존재한다. 먼저 데이터의 이질성과 파편화의 문제가 발생할 수 있다. 생산자, 물류사, 유통사, 고객 등 다양한 공급망 참여자들이 서로 다른 시스템을 사용하고 있어 데이터를 통합하고 공유하는 데 어려움을 느끼는 것이다. 또한 이러한 시스템을 구축하는 데 필요한 초기 투자 비용과 전문 기술 인력 확보의 어려움이 있다. AI 기반 자동화로 인한 일자리 변화도 잘 살펴봐야 한다.

　물류, 유통, 재고 관리가 더는 단순한 물리적 흐름의 문제가 아니다. 이것은 곧 기업의 전략이며, 고객 경험의 핵심이 된다. 이러한 연장선에서 AI 기반의 자율 공급망Autonomous Supply Chain이 이루어질 날이 얼마 남지 않았다. 이는 AI가 스스로 학습하고 실시간으로 변화에 대응하여 의사결정을 내리는 자율 시스템으로 발전하는 것을 말한다. 물류 로봇, 자율주행 배송, 드론 등 AI 하드웨어와 소프트웨어를 유기적으로 결합해 공급망의 완전한 자동화와 지능화가 되는 것이다. 이러한 시대를 대비해 AI 리더는 AI의 잠재력을 빠르게 이해하고, 현재의 기술적 한계를 극복하며, 이 기술이 공급망 전체에 어떤 통찰을 제공할 수 있는지 계속 고민해야 한다. 그것이야말로 물류 혁신의 시작점이 될 수 있기 때문이다.

기업의 성공은 결국 사람에게 달려 있다. 사람은 그 무엇과도 비교할 수 없는 기업의 위대한 자산이다. 기업은 뛰어난 인재를 확보하고, 이들의 역량을 최대한 발휘하도록 도와야 한다. 이들과 오랫동안 함께 일하는 것이 기업의 지속 가능한 성장을 위한 가장 중요한 과제다. 그러나 이 훌륭한 인적 자산을 관리하는 일은 언제나 예측 불가능하고 복잡했다.

급변하는 시장 환경과 치열한 인재 유치 경쟁 속에서 인사 관리 역량은 더욱더 중요해진다. 과거에 인사 업무는 경험과 직감에 의존하는 경향이 컸다. 이제는 AI의 도움을 받아 훨씬 더 효율적이고 과학적으로 바뀌고 있다. AI는 인재의 잠재력을 정확하게 평가하고, 조직 전체의 생산성과 만족도를 높이게 한다. AI가 인사 관리의 전반을 혁신하며 기업의 인재 경쟁력을 높이는 핵심 도구가 되는 것이다.

AI는 인사 관리를 어떻게 바꿀까? 링크드인, 구글, 유니레버

링크드인Linkedin은 사람이 필요한 기업과 일이 필요한 사람을 연결하는 거대한 비즈니스 네트워크 플랫폼이다. 링크드인의 AI는 지원자의 경력, 기술, 활동 내용을 분석해 기업에 최적화된 인재를 자동으로 추천한다. 이는 기업이 적합한 인재를 찾는 데 드는 시간과 비용을 줄여 주고, 일이 필요한 사람에게는 맞춤형 채용 기회를 제공하여 채용 시장의 질과 효율성을 높인다.

또한 사용자의 목표, 관심 분야, 현재 시장에서 요구하는 기술 등을 분석하여 개인에게 학습 콘텐츠를 추천한다. 예를 들어 특정 분야로의 이직을 원하는 사람에게 해당 직무에 필요한 온라인 강의를 제공하는 것이다. 반대로 인재 시장의 흐름을 기업에 제공하여 기업은 장기적인 관점에서 인재 전략을 세우고 교육 프로그램을 기획할 수 있다. 이처럼 링크드인은 AI를 통해 기업과 개인을 연결하고 성장시키는 역할을 한다.

세계적인 IT 기업인 구글은 AI로 인사 관리의 혁신을 이루고 있다. 구글은 '피플 애널리틱스People Analytics'를 통해 인사 데이터를 과학적으로 분석하고 인재 확보와 개발을 비롯해 조직 문화 개선까지 끌어내고 있다. 구글은 AI를 활용해 채용 과정에서 지원자의 데이터를 분석하며 채용 과정에서 발생할 수 있는 사람의 무의식적인 편향성을 줄인다. 이후 AI는 직원의 업무 데이터, 피드백, 교육 이수 현황 등을 분석해 개인의 성과를 예측하고 맞춤형 교육을 제안한다. 이를 통해 직원은 자신의 강점을 더욱 개발하고 약점을 보완할 수 있다.

또한 구글은 AI를 통해 이직 예측 및 방지를 진행한다. AI는 직원의 업무 태도, 만족도 설문 결과 등 다양한 데이터를 분석해 이직 가능성이 큰 직원을 예측한다. 이를 바탕으로 인사팀은 직원의 이직을 방지하고 핵심 인재를 유지하는 데 효과적으로 대응할 수 있다. 이에 더해 데이터를 분석하여 조직 내 문제점을 파악하고 개선 방향을 제시하여 긍정적이고 혁신적인 조직 문화를 형성하도록 돕는다. 구글의 인사 관리는 기업과 직원 모두의 성장을 돕는 모범 사례로 손꼽히고 있다.

세계적인 생활용품 제조 기업인 유니레버Unilever는 AI 기반 채용 프로세스를 도입했다. AI 영상 인터뷰를 통해 리더십, 문제해결 능력, 창의성을 평가하고, 언어적, 비언어적 행동을 분석해 업무적 역량을 평가한다. 또한 게임 기반 평가를 통해 문제해결 능력, 스트레스 관리 능력을 본다. 이를 통해 채용 과정에서의 인간 편향을 최소화하고, 채용 시간을 50% 이상 줄였으며, 채용 결과의 공정성을 높이고 있다.

이러한 사례를 통해 AI가 인사 관리의 주요 목표인 비용 절감, 효율성 증대, 인재 유지와 개발, 조직 문화 개선에 많은 도움을 줄 수 있음을 보여 준다. AI가 단순히 자료를 분석하는 데만 도움을 주는 것이 아니라 빠르게 평가하고 정확하게 예측 가능한 인사 관리 역량을 선보일 수 있게 해 준다.

AI와 함께 설계하는 인사 관리 전략

인사 관리는 단지 채용에 그치지 않는다. 인사 관리의 핵심은 '사람을 얼마나 잘 이해하고, 그 가능성을 최대한 끌어내는가?'에 있다. AI는 구성원 개개인의 업무 성향, 성과 및 협업 방식 등을 정밀하게 분석해 더 적합한 자리에 배치하고 개인의 성장 잠재력을 끌어내는 데 큰 도움을 준다.

직원의 채용 이후 AI는 직원의 업무와 성과를 실시간으로 파악할 수 있다. AI는 직원의 업무 시스템 사용 기록, 프로젝트 기여도, 회의 발언 빈도, 이메일 분석, 근무 시간, 팀 내 커뮤니케이션 등 다양한 데이터를 분석하여 직원의 업무 상황을 객관적인 데이터로 제공한다. 리더는 주관적인 평가에서 벗어나 더욱 공정하고 투명한 성과 평가를 할 수 있게 된다. 동시에 구성원이 어느 시점에서 성과가 떨어지는지, 어떤 업무에 흥미를 느끼는지 등을 확인하고 적절한 피드백과 지원을 계획할 수 있다. 특정 기술이 부족하다고 판단되면 관련 교육 콘텐츠를 추천하거나, 성과 향상을 위한 구체적인 행동을 제시할 수 있다. 이는 구성원의 지속 가능한 성장과 정서적 안정까지 생각한 전략적 인사 관리로 볼 수 있다.

그 과정에서 이직할 가능성이 있는 직원을 파악하면 기업이 미리 대응할 수 있게 된다.

물론 모든 판단을 AI에 맡길 수는 없다. AI가 학습한 과거 채용과 성과 데이터에 인종, 성별, 학벌 등에 대한 편향적인 데이터가 포함되어 있다면 공정성을 띤다고 보긴 어렵다. AI의 결정이 직원이 이해하기 어려운 과정으로 이어진다면 AI 시스템에 신뢰가 떨어질 수도 있다. 또 사람의 감정, 미묘한 대인 관계, 개별적 문화, 현장의 분위기처럼 데이터화 하기 어려운 요소들은 AI가 정확하게 평가하기 어렵다. AI 기반의 과도한 평가 시스템은 오히려 직원들의 반발을 초래하여 기업 문화에 부정적인 영향을 미칠 수 있다.

이러한 부분을 해소하기 위해서는 공정성과 투명성이 개선된 AI 모델 설계가 필수이며, 다양한 배경의 데이터를 확보하려 노력해야 한다. 또한 AI는 정량적 데이터 분석에 집중하고, 정성적 평가는 사람의 영역으로 남겨두거나 AI가 참고 자료를 제공하는 보조 역할에 임할 필요가 있다.

AI는 인사 관리의 효율성과 객관성을 높이는 강력한 도구임은 분명하다. 대신 그 한계를 명확히 인지하고 윤리적, 인간적인 관점에서 접근하는 것이 중요하다. 리더는 AI의 기술과 발전을 생각하면서도 '사람' 중심의 가치를 잃어서는 안 된다. 리더는 AI가 구성원의 잠재력을 최대한 발휘할 수 있도록 돕는 진정한 파트너가 되도록 이끌어야 한다.

AI 리더를 위한 재무 관리 역량

기업의 생존과 지속적인 성장을 위해서는 재무 관리 역량이 필수적이다. 비용을 줄이고 수익을 높이는 과정에서 현금 흐름을 원활하게 하고 잠재적인 위험을 효율적으로 관리하는 것은 재무 관리의 핵심으로 볼 수 있다. 과거에는 이러한 업무가 주로 전문가의 경험과 직감으로 움직이는 경우가 많았다. 하지만 오늘날처럼 시장 변동성이 커지고 데이터가 폭증하는 시대에는 엑셀 관리, ERP 등의 전문 재무 회계 관리 프로그램 등을 통한 관리 방식만으로는 한계가 명확하다. 이제는 AI를 활용해 실시간으로 BIS를 검색하고 파악하며 활용하는 시대로 변화해야 한다.

AI를 재무 관리에 적용하면 이 분야의 의미와 범위는 기존과는 전혀 다른 차원으로 확장될 수 있을 것이다. AI는 단순 계산을 넘어 탁월한 연산 능력과 배경지식을 활용한다. 이를 통해 예측, 분석, 위험 감시, 투자 최적화, 전략 수립 등 재무 활동 전반에 영향을 미치고 있으며, 그 속도는 점점 더 빨라지고 있다. 특히 재무 관리에 가장 민감한 금융 산업은 사기, 신용 위험, 시장 변동성 등 다양한 위험에 노출되어 있어 이를 정확하게 예측하고 관리하는 것이 매우 중요하다. 선도적인 금융 기업들은 이미 AI를 재무 관리 역량의 핵심으로 삼아 혁신을 이끌어 가고 있다. 누가 더 빨리 자료를 검색하고 분석하며 리스크 관리와 선제적 고객 대응 기회를 리드하고 선점하는가는, 결국 속도가 핵심이다.

AI, 재무의 미래를 그리다 — JP모건, 블랙록, 골드만삭스

세계적인 금융 기업인 JP모건JPMorgan Chase은 데이터와 AI 기술을 적극적으로 사용하여 재무 관리 역량을 크게 강화했다. JP모건은 지정가 주문Limit Order을 효율적으로 집행하기 위한 머신러닝 기반 실행 모델인 LOXMLimit Order eXecution Model 알고리즘을 활용해 시장 변동성과 주문 흐름을 실시간으로 분석하여 최적의 주식 매매 전략을 세운다. LOXM은 거래 타이밍을 자동으로 조율하고 거래 비용을 최소화한다. 또 매년 수십억 건의 금융 거래 데이터를 실시간으로 분석하여 이상 거래 패턴을 감지하고 사기 거래를 즉시 차단한다. AI는 머신러닝을 통해 과거의 사기 유형과 특징을 학습하여 진화하는 범죄 수법에 효과적으로 대응하여 기업의 재무 손실을 막고 고객의 자산을 보호한다.

이뿐만이 아니다. JP모건은 딥러닝 기반의 'COIN' 시스템을 활용해 시장 데이터, 뉴스 기사, 거시 경제 지표, 수많은 계약서를 신속하게 분석하고 위험 요소를 미리 파악하여 위험 관리 체계를 자동화한다. AI 기반 시스템은 금융 전문가들이 놓칠 수 있는 미세한 부분을 확인하고 재무팀의 운영 효율성을 높이게 된다.

세계 최대의 자산 운영사인 블랙록BlackRock은 AI를 활용한 투자 관리의 선두 주자로 꼽힌다. 블랙록의 핵심 자산 운용 시스템인 '알라딘Aladdin'은 AI와 머신러닝을 기반으로 작동한다. 알라딘은 전 세계 금융 시장의 방대한 데이터, 블랙록이 운용하는 수많은 포트폴리오 정보, 그리고 다양한 위험 요소를 실시간으로 분석하는 등 복잡한 업무를 진행한다. 블랙록은 알라딘을 통해 수조 달러 규모의 자산을 실시간으로 모니터링하고, 다양한 경제 시나리오에 따라 투자 전략을 조정한다.

특히 알라딘은 다양한 경제 시나리오에 따른 잠재적 수익과 위험을 예측하는 데 탁월하다고 알려졌다. 예를 들어 금리가 인상되거나 특정 지역의 지정학적 위험이 발생했을 때 알라딘은 투자자들이 최소한의 손해와 최대의 이익을 얻을 수 있게 전략을 세울 수 있도록 돕는다. AI를 활용한 시나리오 분석은 단순한 숫자의 조합이 아니다. 블랙록은 AI를 통해 시장 내 수많은 변수가 어떻게 작용할지를 예측해 전략적인 투자 결정을 가능하게 만드는 것이다. 이를 통해 고객의 수익률을 극대화하고 자산 운용 산업을 혁신하고 있다.

세계적인 투자은행인 골드만삭스Goldman Sachs는 AI를 트레이딩, 리서치, 고객 자문 등 다양한 분야에 적용하여 금융 시장의 속도와 정확성을 높이고 있다. 특히 AI 기반의 알고리즘 트레이딩 시스템은 시장 데이터를 초고속으로 분석하고 최적의 거래 시점을 찾아 투자자의 수익 기회를 만들어 낸다. 과거에는 수많은 인력이 투입되어야 가능했던 일들을 AI가 훨씬 빠르고 효율적으로 처리할 수 있게 된 것이다. 또한 AI는 개인에게 최적화된 투자 포트폴리오를 제안하는 맞춤형 서비스를 제공한다.

이러한 기업들의 사례는 AI가 재무 관리의 세 가지 핵심인 위험 관리, 수익 증대, 효율성 증대를 동시에 높일 수 있음을 방증한다. AI를 통해 복잡하고 빠르게 변하는 금융 시장에서 속도와 정확성을 기반으로 새로운 기회를 스스로 잡아내고 있다. 과거에는 사람이 데이터를 수집하고 분석하며 그에 따라 결정을 내리는 과정이 필수였다면, 이제는 AI가 이전 과정을 자동화하거나 대체한다. 우리는 더 창의적이고 전략적인 판단과 윤리적 기준 설정에 집중할 수 있게 된다.

재무 최적화를 위한 AI 전략

AI 재무 전략의 핵심은 분석을 통한 예측력에 있다. 불확실성이 극대화된 지금과 같은 시대에는 과거 데이터를 분석해 미래를 그려 볼 수 있는 능력이 경쟁력으로 이어진다. AI는 수많은 과거 거래 데이터를 학습해 현재 발생하는 금융 흐름이 어떤 범주에 속하는지 실시간으로 분석할 수 있다.

이를 통해 위험이 커지는 시점을 예측하거나 갑작스러운 시장 급등락에 빠르게 대응할 능력이 확보될 수 있다. 작은 재무적 오류가 큰 손실로 이어질 수 있는 환경에서 AI 재무 최적화는 기업의 생존을 위한 필수 전략이자 경쟁 우위를 확보하는 핵심 무기가 되는 것이다. 특히 클라우드 환경과 결합한 AI 기술은 전 세계 지점을 둔 글로벌 기업에 실시간 데이터 통합과 공동 분석이 가능한 구조를 제공한다. 이는 각 지역의 재무 데이터를 하나로 통합해 보다 정확한 현금 흐름 예측과 재무 전략을 수립하게 한다.

다만 AI가 만능 해결사는 아니다. 현재 AI 재무 관리에는 일부 한계점이 존재하는 만큼 이를 명확히 사실 확인을 통해 인지하고 접근할 필요가 있다. AI는 학습한 데이터만큼의 성능을 발휘하므로 데이터 자체가 불완전하거나 특정 환경에 편향되어 있다면 AI의 예측이나 분석 결과는 실제와 동떨어질 수 있다. 또한 AI는 기본적으로 과거 데이터를 기반으로 미래를 예측하기에 예측의 불확실성에 취약한 부분이 있다. 최초라 말할 만큼의 새로운 위기가 발생했을 때 AI 모델은 제대로 작동하지 못할 수 있다. 오히려 이 지점에서 사람의 직감과 경험이 더 중요해질 것이다.

특히 AI가 내리는 재무적 판단의 기준과 책임 소재는 여전히 모호한 영역으로 남아 있다. 예를 들어 AI가 부정확한 데이터에 기반해 잘못된 예측을 내린다면 그 책임은 누구에게 있는가? 이 질문은 아직도 해결되지 않은 채 산업 전반에 걸쳐 논의되고 있다. 금융은 투명성과 신뢰가 생명인 분야여서 AI의 불투명성은 투자자들에게 불안감을 유발할 수 있다.

이러한 한계점들을 극복하기 위해서는 다각적인 사실 확인의 노력이 필요하다. 기업은 고도화된 데이터 인프라 및 거버넌스 구축에 계속해서 투자해야 한다. 기업 내 데이터의 수집, 저장, 처리, 분석 전반에 걸쳐 품질을 엄격하게 관리하고 보안을 강화하는 것이 필수적이다.

또한 복합적인 AI 모델을 개발하고 활용을 확대하여 상호 보완적인 시너지를 창출해야 한다. 이로 인해 시장의 변화에 스스로 적응하고 최적의 의사결정을 학습하는 더욱 정교한 AI 기법들이 만들어질 수 있다. 이 과정에서 사람 전문가와의 긴밀한 협력, 즉 '사람-AI 협업 Human-in-the-Loop' 모델을 정착시킬 필요가 있다.

AI는 방대한 데이터를 분석하고 예측하는 데 뛰어나지만 위기 상황에서 직감적인 판단, 윤리적 기준이 필요한 최종 의사결정은 여전히 인간의 영역이다. AI는 재무 전문가에게 업무 효율을 높이는 도구로 활용되며, 재무 전문가는 AI가 놓칠 수 있는 미묘한 시장 신호나 예측 불가능한 사건에 대한 인간적인 판단과 경험을 더해 최적의 결정을 내려야 한다.

마지막으로 AI 활용 재무 활동에 대한 명확한 규제 및 윤리적 기준이 필요하다. AI의 자율적인 판단에 대한 책임 소재, 개인 정보 보호, AI의 편향성 문제 등을 해결하기 위한 사회적 합의와 규제 마련은 AI 기술의 건전한 발전을 위하고 재무 시장의 안정성을 확보할 수 있다.

결국 AI를 통한 재무 혁신은 단순한 기술 도입 수준에 머무는 것이 아니라 조직 전체의 철학과 전략이 함께 변해야 가능한 일이다. AI를 활용한 재무 전략은 점차 정교해지고 있으며, 단기 수익과 장기 지속 가능성을 함께 고민해야 하는 시점이다. 이러한 기회를 어떻게 활용할지는 이제 각 회사 리더의 몫이다.

AI
MASTER
BIBLE
CHAPTER 3
조직
업무를 위한
AI 활용

조직 내에서 AI를 활용하여 업무로 인정받기

어느 날부터 사무실에서 '이거, AI 툴 활용한 거야?'와 같은 말이 자연스럽게 들려오기 시작했다. 불과 몇 년 전만 해도 문서 작성, 자료 정리, 기획 아이디어 등을 사람이 전적으로 고민했다면 이제는 AI가 업무의 전 단계에 개입하는 게 당연시되고 있다. AI가 특정 직무의 효율을 높이는 것을 넘어서 우리의 업무 수행 방식 자체를 재정의하고 있다.

그런데 이 변화를 받아들이는 사람들의 태도에는 일정 부분 차이가 있다. AI를 단순한 도구로 보느냐, 아니면 창의적이고 전략적인 업무를 함께 하는 동료로 받아들이느냐에 따라 AI 시대에 조직에서 업무로 인정받는 방식이 완전히 달라지고 있다.

AI는 반복적인 수치 기반의 작업을 빠르게 처리해 준다. 더 나아가 창의적인 작업과 전략 수립 과정에서도 AI의 영향력이 점점 커지고 있다. 특히 기획 단계에서 AI가 제공하는 트렌드 분석, 경쟁사 동향, 시장 예측 등은 단순한 요약에 끝나지 않고 차별적이고 매력적인 전략적 방향을 세우는 데 도움을 준다. 중요한 것은 이 모든 기능이 'AI를 얼마나 친밀하게 사용하고 받아들이는가'에 따라 실현 가능성이 달라질 수 있다는 것이다. AI는 조직 내에서의 잠재력을 확장하고 더 높은 수준의 문제해결에 도전하도록 도와준다. 이전에는 생각지 못했던 새로운 가치를 창출할 수 있도록 돕는 파트너가 되는 것이다.

2025년 기업 교육 전문 기업 휴넷hunet이 직장인을 대상으로 한 조사에 따르면 직장인 10명 중 9명은 업무에 AI를 활용하고 있다고 밝혔다. 또한 AI가 업무 생산성 성과에 도움을 준다는 데 대부분 긍정적 의견을 펼쳤으며, AI로 인한 직무 변화 정도에서도 높은 점수가 나왔다. 이는 직장인 상당수가 AI에 긍정적인 영향을 받고 있음을 나타낸다.

또한 세계적인 기업 마이크로소프트가 2024년 발표한 'Work Trend Index 2024'에 따르면 조사 대상에 해당하는 근로자 4명 중 3명이 직장에서 AI를 활용하고 있었다. 이중 다수가 AI를 활용하여 시간을 절약해 중요 업무에 집중하는 데 도움이 되어 창의적인 결과물을 창출하는 데 큰 역할을 미쳤다고 한다. 또한 자사 근무자들을 대상으로 한 'AI와 생산성' 보고서에 따르면 실제 업무 환경에서 AI 툴을 사용하는 사람이 그렇지 않은 사람보다 업무 수행 속도가 26~73% 빠르다고 했다. 이로 인해 자연스럽게 업무 만족도도 증가하였다.

AI에 대한 개방성과 숙련도가 실제 업무 경쟁력에 직결되는 사례는 다양하게 발견할 수 있다. 구글, IBM, 세일즈포스 등은 채용 시 'AI 활용 능력'을 평가 요소로 포함하고 있으며 실제로 AI 리터러시가 높은 직원은 빠르게 핵심 프로젝트에 배치되고 있다.

이러한 상황들은 조직 내에서 업무로 인정받고 살아남기 위해서 AI에 대한 막연한 두려움보다는 AI를 업무의 연장선에서 익숙하게 다루는 역량이 점점 더 필수가 되어 가고 있음을 방증한다. 조직원으로서 AI를 두려워해선 안 된다. AI를 어떻게 더 가치 있는 일에 쓰일 수 있는지를 고민해야 한다. 이는 업무 혁신의 기회이자 자기 발전의 도약 지점이 분명하다.

AI를 동료 삼아 조직 내에서 업무로 인정받고 성장하기

AI를 단순한 도구가 아닌 동료로 인식하고 함께 일하는 법을 배우는 것은 조직원의 경쟁력이자 생존을 결정짓는 중요한 요소가 되었다. AI를 활용해 조직 내에서 업무로 인정받고 성장하기 위해서는 몇 가지 구체적인 전략들이 필요하다.

첫째, 반복 업무는 AI에 철저히 맡겨야 한다. AI는 지루하고 반복적인 데이터 분석, 문서 요약, 이메일 초안 작성 등에서 탁월한 능력을 발휘한다. 보고서나 문서를 작성할 때 AI는 수많은 데이터를 학습한 경험으로 결과물들을 빠르게 생성한다. 예를 들어 클로버 노트를 활용하여 회의 내용을 텍스트화하여 챗GPT나 제미나이에 보고서 형태의 정리를 요청하면 된다. 우리는 보고서 작성 시간을 획기적으로 줄일 수 있다.

이메일과 같은 커뮤니케이션 또한 AI의 도움으로 효율화할 수 있다. AI는 매일 쏟아지는 수십 통의 이메일의 핵심 내용을 요약해 주거나 특정 이메일 내용을 바탕으로 답장 초안을 작성해 준다. 예를 들어 수백 건의 고객 문의 중에 '환불', '반품'과 같은 키워드가 포함된 메일을 요약하고, 고객 불만 유형 분석을 요청하여 빠르게 고객의 목소리를 파악할 수 있다. 이를 통해 소통의 속도를 높이고 불필요한 업무 시간 낭비를 줄일 수 있다.

둘째, AI를 통해 창의적인 아이디어를 도출하고 문제해결을 이끌어야 한다. AI는 단순히 정해진 답을 내놓는 것을 넘어 새로운 아이디어를 만들고 복잡한 문제를 해결하는 과정에서 인간의 창의성을 자극한다. 새로운 제품, 서비스 기획, 마케팅 캠페인 등 창의적인 작업이 필요할 때 AI는 강력한 브레인스토밍 파트너가 된다.

예를 들어 AI에 특정 타겟층에 맞는 효과적인 홍보 문구를 요청하면 AI는 다양한 관점에서 기발한 아이디어를 제시할 수 있다. 또한 AI에 "최근 우리 회사 매출의 감소 요인을 다양한 요인으로 분석하고, 요인별 해결 방안을 제안해 줘"라고 요청한다면 AI는 방대한 데이터를 바탕으로 효과적인 원인과 해결책을 꺼내어 우리가 더 나은 해결책을 선택할 수 있게 돕는다. 특히 챗GPT나 제미나이 같은 생성형 AI는 텍스트 기반의 아이디어 생성, 브레인스토밍, 논리 정리 등에 강점을 보인다. 단순한 도구로 보는 사람은 단지 '문장을 잘 정리해 주는 존재'로 생각하겠지만, AI를 통해 기획안의 전개 방향을 검토하고 창의적인 결과물을 불러올 수 있다. 이는 인간이 혼자 생각할 때 빠지기 쉬운 사고의 함정에서 벗어나 더 넓은 시야를 제공한다.

셋째, AI를 통해 개인의 역량을 강화해야 한다. AI는 단순히 조직 내 업무를 돕는 것을 넘어서 조직원 개인의 역량을 강화하고 끊임없이 학습하며 성장할 수 있도록 돕는 학습 파트너가 된다. 특정 주제에 대해 AI에 비전공자도 이해하기 쉽게 설명을 요청하거나, 긴 보고서나 논문의 요약을 요청할 수도 있다. 중요한 발표를 앞두고 있다면 AI에 발표 스크립트 초안을 작성하게 하거나, 예상 질문에 대한 답변을 준비하도록 요청할 수 있다. AI는 다양한 청중과 상황에 맞춰 효과적인 커뮤니케이션 전략을 제안해 줄 수 있다.

넷째, AI와 친구나 동료처럼 지내며 협업하는 자세가 필요하다. 앞선 전략들이 자동화였다면 이는 수동화에 가깝다. AI가 아무리 뛰어난 도구일지라도 AI는 환각 현상으로 잘못된 정보를 줄 수 있고, 인간적인 감정이나 복잡한 맥락을 완벽하게 이해하지 못할 수 있다. 조직원은 AI가 생성한 정보는 사실 확인을 거쳐야 함과 동시에, 자신이 원하는 것이 무엇인지 명확하고 구체적으로 지시할 필요가 있다. 마치 동료와 업무를 소통하듯이 명확한 관점이 필요하다. 동료와 사담으로 추상적인 대화는 충분히 긍정적이나 업무 시에는 의사소통이 명확할수록 서로의 업무 진행에 도움이 된다. AI에 결과물에 대한 피드백을 제공하여 더 나은 결과물을 얻도록 돕는 것도 중요하다. 이는 AI가 더 효과적으로 학습하고 발전하게 돕는다.

결론적으로 조직 내에서 AI는 더는 피할 수 없는 현실이자 기회가 되었다. 그렇다고 단순히 도구로 여긴다면 한계치는 명확하다. AI와 어떻게 일할 것인가를 함께 고민하는 파트너로서 이어져야 한다. 기업은 AI와 파트너십을 잘 맺는 직원을 더 높게 평가하고 더 중요한 역할을 맡길 것이다. AI와 함께 끊임없이 배우고 도전하며 새로운 가치를 만들어 나가는 것이 직장인의 새로운 생존 공식이자 성장 전략이 되는 것이다.

AI로 조직 내 각종 문서 준비하기

조직에서 가장 많은 시간을 쏟아붓는 업무는 단연 문서 작성이다. 새로운 사업 기획안부터 지난 분기 실적 보고서, 복잡한 통계 자료 정리, 회의록 작성까지. 문서는 비즈니스 활동의 시작이자 끝으로 볼 수 있다. 중요 문서에는 작은 문구나 숫자 오류 하나만으로도 법적 책임이 따를 수 있어서 신중해야 한다. 하지만 이 과정은 언제나 많은 시간과 노력을 요구한다. 과거부터 최신까지 자료를 조사하고, 그 내용을 정밀하게 분석하며, 이를 보기 좋게 정리해야 한다. 때로는 시각적인 디자인 요소까지 신경 써야 한다. 그런데 이제는 AI가 이 모든 과정을 획기적으로 단축시킬 뿐만 아니라 효과적인 결과까지 창출할 수 있다.

시장 조사로 시작하는 문서 준비

좋은 문서는 탄탄한 조사와 분석에서 출발한다. 아무리 글을 잘 써도 기반 데이터가 부실하면 문서의 설득력이 떨어진다. 그래서 문서 작성을 시작하기 전에 조직은 반드시 시장과 경쟁 환경을 먼저 읽어야 한다. 과거에는 이 과정이 리서치 기관의 영역이었다. 설문 조사, 통계 분석, 경쟁사 보고서를 의뢰해야 했고, 결과를 받는 데 오랜 시간이 걸렸다. 그러나 AI의 등장은 이 구조를 완전히 바꿔 놓았다.

AI는 사람이 직접 처리하기 어려웠던 방대한 데이터를 빠르게 분석해 시장의 흐름을 파악한다. 챗GPT와 같은 생성형 AI는 시장 동향, 소비자 행동, 경쟁사 전략 등 복잡한 정보를 구조화해 정리해 준다. 예를 들어 제품 기획팀이 '친환경 소재 텀블러' 신제품을 준비하고 있다면 AI에 다음과 같은 프롬프트를 던질 수 있다.

너는 10년 경력의 소비재 시장 분석가이다. '친환경 소형 텀블러'를 중심으로 시장 파악을 해야 한다. 주요 고객은 20대부터 40대 여성이다. 이들이 시장에서 텀블러 관련 제품을 찾을 때 사용할 가능성이 큰 키워드를 구매 여정 단계인 '문제 인식 → 취향 탐색 → 대안 비교 → 구매 고려'의 네 단계로 나누어 각각 10개씩 제시해 줬으면 한다.

이 질문을 통해 챗GPT는 다양한 내용을 전할 것이고, 사용자는 '제로웨이스트, 리유저블, 가치소비' 등의 키워드를 중심으로 내용을 받거나, '소형 텀블러를 구매하는 이유(문제 인식) → 모양이 예쁘거나, 기능이 좋은 텀블러(취향 탐색) → 지인 선물용 및 인테리어용 브랜드 비교(대안 비교) → 소형 텀블러 배송 및 AS 유무(구매 고려)'와 같은 형태의 답변을 받음으로써 구매 단계별 핵심 키워드를 확보할 수 있다. 이 키워드들은 문제 인식과 취향에 따른 핵심 키워드를 잡아서 홍보할 수 있는 콘텐츠 아이디어로 옮길 수도 있다. 이렇게 고객의 고민이 녹아 있는 키워드는 콘텐츠 전략과 경쟁사 분석의 기초가 된다.

다음으로 경쟁사 심층 분석을 진행한다. 마케팅에는 SWOT, STP, 4P, 7P, PEST, 3C, BCG, 밸류 체인 등 수많은 시장 분석 기법이 존재한다. 이 중에서 가장 기본에 가까운 SWOT 방식을 예로 들어 보려 한다. 시장에 대한 강점, 약점, 기회, 위협을 분석함으로써 전략적으로 경쟁사를 분석할 수 있다. 그렇다면 다음과 같은 프롬프트를 챗GPT에 제공해 본다.

앞서 추출한 키워드를 기준으로 네이버, 구글 검색 시 상위에 노출되는 소형 텀블러 판매 브랜드 3곳을 선정한다. 각 브랜드에 대해 SWOT 분석을 실행하되 구체적인 근거를 3가지 이상씩 들어서 설명해야 한다.

이러한 분석을 통해 'A사는 독특한 패키지 디자인이 강점이지만 기능이 부족하다', 'B사는 인스타그램 팔로워 10만 명으로 마케팅이 강점이지만, 자체 온라인몰 결제 시스템이 불안정해 구매 전환율이 낮다', 'C사는 기능이 특별하지만 제품 특징상 원가 상승이 위협 요소로 작용한다'와 같은 입체적인 데이터를 얻을 수 있다. 이처럼 AI가 제공하는 분석은 경쟁사들의 현재 위치를 보여 줄 뿐만 아니라 나아갈 방향을 제시한다. 경쟁사들이 어떤 부분에 집중하는지 파악하여 차별화 포인트를 찾는 데 큰 도움이 된다.

그리고 지금까지 분석된 정보를 종합하여 제품의 잠재 고객을 구체화하며 초기 전략을 세우면 된다. 단순히 가상의 타겟이 아닌 실제 대상처럼 구체적인 배경을 제공하여 더 명확하고 현실적인 전략을 얻을 수 있다.

지금까지의 분석을 바탕으로 나의 잠재 고객인, 서울에 거주하는 30대 남성 직장인 홍길동을 만들어 줘. 그는 사무실에서 텀블러를 자주 활용하고, 출근하기 전이나 퇴근할 때 카페를 종종 찾아서 음료를 텀블러에 담아서 가져와. 그의 일과, 소비 습관, 평소 온라인 정보 탐색 경로를 구체적으로 제공해 줘. 우리 브랜드가 그에게 어떤 차별화된 가치를 제안해야 할지 세 가지 이상 구체적인 아이디어를 제시해 줘.

이러한 과정을 통해 잠재 고객인 홍길동을 더 깊이 이해하게 되고 이에 따라 구체적인 마케팅 전략을 세울 수 있게 된다. 대신 이 단계에서 챗GPT의 답변을 그대로 문서에 쓰는 것이 아니라 필요한 정보만 추려 기획 방향의 초석으로 삼는 것이 중요하다.

데이터의 파도를 타고 고객의 속마음을 읽다

챗GPT로 시장의 전반적인 흐름을 파악하는 '정성적 분석'을 마쳤다면 이를 뒷받침할 '정량적 분석'이 필요하다. AI가 제공하는 수많은 도구 중에서도 구글 트렌드와 네이버 데이터랩으로 시장의 실시간 움직임을 포착하면서도 간편하게 이용할 수 있다. 이 툴들은 단순히 검색량 조회 서비스로만 알고 있지만, 데이터 이면의 숨은 의도까지 읽어 낼 수 있다.

구글 트렌드의 핵심은 '상대적 관심도'에 있다. 이는 특정 키워드가 전체 검색량 속에서 얼마나 큰 비중을 차지하는지를 보여 주어 시장의 거시적인 방향성을 예측하는 데 우수하다. 구글 트렌드에 친환경 소형 텀블러, 리유저블 컵, 제로 웨이스트 보틀 등을 비교 검색하면 여름철 여행 시즌이나 연말 ESG 캠페인 기간에 검색량이 급증하는 양상을 확인할 수 있다. 이는 단순한 소비 관심을 넘어서 시즌성 수요가 강한 제품임을 시사하며, 기업은 이를 근거로 캠페인 타이밍과 마케팅 예산을 조정할 수 있다.

특히 주목할 기능은 '관련 검색어' 부문의 '급상승Rising'이다. 인기Top가 꾸준히 많이 검색된 키워드를 보여 준다면 급상승은 최근

폭발적으로 관심이 증가하는 새로운 키워드를 제시한다. 예를 들어 '리사이클 소재 텀블러', 'ESG 기념품', '개인 로고 각인 텀블러'와 같은 키워드가 급상승 항목으로 나타난다면 이는 경쟁이 덜한 블루오션 영역을 예측하게 해 준다. 즉 소비자들이 단순히 '물병'을 찾는 것이 아니라 가치 소비, 친환경, 디자인 커스터마이징 등을 중요하게 생각하고 있음을 보여 준다. 또한 지역별 관심도 데이터를 분석해 카페 문화가 활발한 특정 지역에서 검색량이 높게 나타날 수 있는데, 이는 지역 타깃 팝업 스토어나 협업 캠페인 기획의 근거가 된다.

네이버 데이터랩은 국내 온라인 소비자의 행동을 현미경 보듯이 분석할 수 있게 돕는다. 특히 '쇼핑 인사이트'는 실제 구매로 이어질 가능성이 있는 키워드와 패턴을 보여 준다.

예를 들어 '텀블러 선물', '직장인 머그', '친환경 사무 용품' 같은 검색어를 중심으로 20~30대 여성 직장인의 구매 연령층과 함께 자주 검색된 연관 키워드를 확인할 수 있다. 이 과정에선 성별, 연령별 분포만큼이나 PC와 모바일의 검색 비중을 잘 살펴야 한다. 대부분 모바일 검색 비중이 높은 편이지만 제품과 서비스에 따라 상이한 결과가 발생할 수도 있다. 이에 따라 기업은 상세 페이지 디자인을 어디에 맞출지 고민하며 그에 따른 전략을 세울 수 있다.

또한 특정 키워드와 함께 검색된 연관 키워드를 분석할 수도 있다. 구글 트렌드에서 '친환경 소형 텀블러'의 검색 흐름을 확인했다면 네이버 데이터랩에서는 핵심 키워드와 연계된 키워드를 발견하여 차후 이와 관련한 기획을 구성하는 것이다. 이는 챗GPT가 제안한 전략적 방향성을 실제 데이터로 검증하고 구체화하는 핵심적인 과정이다.

소개한 챗GPT, 구글 트렌드, 네이버 데이터랩 외에도 다양한 AI 툴 활용이 가능하다. 구글의 제미나이는 다국적 시장 비교 분석에 강점이 있고, 클로드는 긴 내용을 짧고 명료하게 요약 정리하는 데 강점이 있다. 젠스파크Zenspark는 인플루언서 중심의 트렌드를 분석해 SNS 타겟 전략에 도움을 줄 수 있다. 툴과 상관없이 중요한 것은 데이터의 층위를 엮어 내는 것이다. 검색 툴로 맥락을 구조화하여 시장의 큰 그림을 그린 후에 정량적 데이터로 고객의 움직임을 세밀하게 추적하는 과정이 유연하게 이루어져야 한다.

AI를 활용하여 조직 내 각종 문서 작성하기

AI를 통해 사전 조사를 정리한 뒤에 그 결과를 토대로 기획안이나 보고서 초안을 작성하면 문서의 방향성과 논리가 명확해진다. 'AI로 자료를 모으고, 그 데이터 위에 글을 쓴다'는 것이 오늘날의 새로운 문서 작성 방식이다.

문서 작성의 첫걸음은 정리된 자료를 기반으로 초안을 구성하는 일이다. 기획안은 조직의 미래를 설계하고 설득하는 전략적 문서이다. 일어나지 않을 일에 대한 청사진인 만큼 차별화되면서도 새로운 방안을 제시해야 한다. 챗GPT를 활용해서 얻은 방대한 자료를 토대로 기획안에 해당할 내용을 전달하면 된다.

이때 챗GPT에 '신제품 출시를 위한 마케팅 기획안'이라는 간단한 프롬프트도 좋지만, 그보다는 제품 및 서비스의 특징, 예상 독자, 경쟁사 비교, 고객 확보 전략 등 기본적인 기획 요소들을 세밀하게 나열해 주면 더 나은 결과를 얻을 수 있다. 이 요청에 따라 AI는 기획안의 목차와 각 항목의 상세 내용을 논리적인 흐름으로 구성하여 아래와 같은 답을 제공한다.

제품명(가칭)**: GreenPure 350 Eco Bottle**

① 제품 특징

- 100% 재활용 플라스틱(rPET) & 친환경 소재

- 350ml 소용량 → 휴대성 최적화

- 미니멀·파스텔 컬러 디자인

- QR코드 기반 반납·포인트 적립 서비스 제공

② 예상 고객

- MZ세대(20~39세): 가치 소비·디자인 민감

- 직장인·대학생: 가방에 넣기 좋은 사이즈 선호

- 헬스·피트니스 이용객: 소량 수분 보충용

- 기업/단체: ESG 판촉물, 기념품 활용

③ 경쟁사 비교

- 해외 브랜드: 텀블러·리필 캠페인 중심

- 국내 중소기업: 대용량 재활용 물병 위주

차별화 포인트

- 소용량·휴대성 특화

- 반납·적립 서비스 → 순환 생태계 구축

- 스토리텔링: "작은 병 하나가 환경을 바꾼다"

④ 마케팅 목표

- 6개월 내 시장 점유율 15%

- SNS 팔로워 10만 명 확보

- 기업 고객 제휴 100곳 달성

⑤ 고객 확보 전략

온라인/SNS

- 인스타·틱톡 해시태그 #Eco350 캠페인

- 친환경 인플루언서 협업

- 굿즈 패키지 프로모션

오프라인

- 대학가·헬스장 팝업 스토어

- 반납 체험존 → 포인트 적립 유도

– ESG 박람회 참가

스토리텔링

– "350ml = 환경 절감 지표" 시각화

– 매출 일부 친환경 기부 환원

⑥ 실행 로드맵

1단계 (1개월): 브랜드 아이덴티티·SNS 채널 구축

2단계 (3개월): 론칭 캠페인 + 팝업 → 초도 10만 병 판매

3단계 (6개월): 기업 제휴·지자체 협업 확대

4단계 (1년): 해외 시장 테스트 + 500ml/750ml 라인 출시

⑦ KPI (핵심 지표)

판매량: 30만 개/6개월

SNS 해시태그 노출 100만 회

재구매율 30% 이상 / 기업 고객 확보 100곳

⑧ 청사진

제품 = 단순 생수 → 환경 참여 플랫폼

고객: 가치소비 경험 강화

기업: ESG 실천 도구 제공

지속 가능한 브랜드 생태계 구축

이처럼 AI는 초안을 논리적 흐름에 맞게 자동으로 구성하며, 사용자는 조직의 실제 상황에 맞는 세부 내용을 보완하는 데 집중할 수 있다.

보고서를 작성할 때도 마찬가지다. 보고서는 이미 일어난 일이나 현재 상황을 정리하는 데 중점을 둔다. 지난 분기 실적, 특정 프로젝트의 최종 결과, 시장 조사 등이 속한다. 보고서의 핵심은 객관적인 사실과 데이터를 기반으로 정보를 전달하고 그에 대한 분석과 결론을 공유하는 것이다. 그러기 위해서는 과거의 데이터가 명확할 필요가 있다. AI에 원본 데이터를 제공하고 "이 데이터를 바탕으로 분기별 매출 추이 보고서 초안을 작성해 줘. 주요 상승 요인과 하락 요인을 분석하고 핵심 내용을 정리해 줘"라고 요청하면 AI는 방대한 데이터를 분석하고 보고서의 뼈대를 만든다.

기획안이나 보고서 모두 기존에 조직 내에서 활용하는 양식이 있다면 그 양식을 미리 챗GPT에 학습하는 과정을 거치면 좋다. 기존에 쓰이던 문서들을 샘플로 주면 챗GPT가 할루시네이션 Hallucination이나 신뢰도가 떨어지는 결과를 제공하는 확률이 확연히 줄어들 수 있다.

이 외에도 계약서나 표준 문서를 사용할 때도 챗GPT를 잘 사용할 수 있다. 계약서는 단어나 숫자에 아주 신중해야 한다. 기재된 글자와 숫자의 차이에 따라 큰 법적 책임으로 이어질 수 있다. 기존에는 회사 내 법무팀이나 회사 밖에서 법무의 힘을 빌렸으나 이제는 AI를 활용해 대체할 수 있다. 예를 들어 "프리랜서 개발자와

3개월 단기 계약을 위한 표준 계약서 초안을 작성해 줘"라고 요청하면 비밀 유지 조항, 작업 범위, 대금 지급 방식, 지식 재산권 귀속, 계약 해지 등이 빠짐없이 정리된다. 물론 산업별 '표준 계약서'라는 게 존재하지만, AI가 만든 계약서를 통해 상황에 따라 유연하게 활용할 수 있다. 특히 작은 규모의 조직에서는 특히 큰 도움이 된다. 비용과 시간을 절약하면서도 기본적인 안전 장치를 확보할 수 있다. 물론 계약서처럼 법적인 내용이 포함된 문서는 완성후에도 꼭 점검해야 한다.

더 나아가 AI는 데이터를 시각적으로 표현하는 것을 쉽게 도울수 있다. 예를 들어 "특정 데이터를 바탕으로 가장 효과적인 차트 유형을 추천하고 그것을 보기 쉽게 시각화해 줘"라고 요청하면 AI는 기존의 데이터를 바탕으로 막대그래프나 선 그래프 등 데이터를 가장 잘 나타내는 형태를 제안하고 직접 차트를 생성해 문서에 삽입하는 기능까지 제공한다. 데이터가 체계적이고 세밀할수록 깔끔하면서도 명확한 시각화를 끌어낸다. 이는 상대에게 메시지 전달력을 크게 높일 수 있는 좋은 방법이 된다.

이러한 문서를 만드는 과정에서 늘 회의가 진행된다. 기획안이나 보고서와 같은 조직 내 문서는 1시간 만에 금방 만들어지는 것이 아니다. 조직 내 의견뿐만 아니라 다른 부서와의 협업도 필요하다. 회의 때 나온 이야기들을 기존의 문서 작업에 반영할 필요가 있는 것이다. 그래서 회의가 끝나면 가장 먼저 회의록을 작성해야 한다. 문제는 회의 내용을 모두 기억해 정리하는 것은 쉽지 않다. 이때 클로버 노트와 같은 AI가 큰 역할을 한다.

클로버 노트는 회의 내용을 실시간으로 녹음하고 음성을 텍스트로 변환해 주는 기능을 제공한다. 또한 AI가 회의 내용 중 핵심적인 키워드나 주요 의사결정을 요약해 줄 수 있다. 완성된 회의록을 팀원들과 공유하면서 기획안이나 보고서의 수정 방향을 빠르게 잡을 수 있다.

챗GPT나 클로버 노트 외에도 문서 준비와 업무 효율을 높여 주는 다양한 AI 툴이 있다. 이들은 각각 특화된 기능을 통해 AI와 함께 하는 문서 작업의 완성도를 높인다. 노션Notion은 문서 작성은 기본으로 하고 메모, 프로젝트 관리, 데이터베이스 등 다양한 기능을 통합한 올인원 워크 스페이스다. AI 기능을 활용해 문서 내용을 요약하거나 새로운 아이디어를 정리하는 데 큰 도움을 받을 수 있다. 특히 팀원 간에 자료를 공유하여 프로젝트를 이끌어 가는 데 특화되어 있다. 잔디Jandi와 플로우Flow도 문서 공유와 관리를 더욱 편리하게 한다. 예를 들어 메신저에서 오고 가는 중요한 논의 내용을 AI가 자동으로 요약해 문서로 정리하거나 프로젝트 진행 상황을 자동으로 추적해 보고서 초안을 만들 수 있다.

이처럼 AI는 단순한 문서 작성 도구에 머물지 않고 자료 수집과 분석, 초안 작성, 통계 시각화에 이르기까지 문서 준비의 모든 과정을 함께하는 강력한 파트너다. AI는 문서 작업에서 '빈 페이지의 공포'를 지우고, 사고의 깊이에 집중할 수 있도록 도울 수 있다.

AI로 엑셀 능력 향상하기

조직에서 엑셀은 아주 중요한 생산성 도구지만 동시에 가장 큰 스트레스의 원인이기도 하다. 방대한 데이터를 마주했을 때의 답답함을 해결하기 위해 VLOOKUP이나 피벗 테이블과 씨름하며 시간을 보내지만 원하는 결과를 얻는 데는 꽤 많은 시간과 노력이 필요하다. 엑셀에 익숙하지 않은 사람은 함수를 실행하는 것도 어렵고 차트는 어색하기만 하다. 이러한 상황 때문에 조직에 있는 사람들에겐 '엑셀 공포증'이란 이름까지 나오게 되었다.

그런데 이제는 AI가 이러한 문제들을 해소할 수 있다. 특히 챗GPT를 활용한 방식은 엑셀 작업의 패러다임을 완전히 바꾸는 장치가 되었다. 이 방식은 챗GPT 내에서 엑셀과 관련한 내용을 해결해도 되고, 엑셀 안에서 챗GPT의 능력을 직접 불러와 사용할 수 있다. 전자는 자료를 AI 비서에 건네주고 작업을 지시하는 것이고, 후자는 엑셀에 AI 비서를 직접 심어 주는 방식으로 이해하면 된다. 이제 우리는 복잡한 수식을 외우는 대신에 원하는 작업을 함수 형태로 간단히 지시하기만 하면 된다.

챗GPT에서 엑셀 활용하기

챗GPT에서 엑셀을 활용하는 방식은 여러 가지가 있다.

첫째, 엑셀의 내용을 분석하는 것이다. 분석하거나 정리하고 싶은 엑셀 파일을 챗GPT 대화창에 직접 올리는 것이다. 그러면 챗GPT는 이와 관련하여 사용자의 이해를 도울 수 있도록 분석 및 해석을 진행한다. 이에 그치지 않고 보고서, 기획안 등으로 연계하여 작업이 가능하다.

예를 들어 분기별 매출 데이터를 업로드하고 "이 데이터의 핵심 트렌드와 인사이트를 분석해서 보고서 초안을 작성해 줘"라고 지시하면 챗GPT가 주요 내용을 요약하고 그래프를 포함한 보고서 초안을 만들어 준다. 또는 고객 만족도 조사와 관련된 데이터를 업로드하고 "고객 만족도 조사 시트에서 주관식 답변 열의 내용을 긍정, 부정, 중립, 문의 등으로 분류하고 유형별로 응답 수가 얼마나 되는지 파악해서 한눈에 이해할 수 있는 표로 만들어 줘"라고 제시하면 그에 맞춰 답을 제시한다. 이때 전문 용어, 한/영 통일, 문체, 시각화 방식 등 세밀한 부분을 제시하면 더 풍성한 답변을 받을 수 있으며, 추가적인 질문과 작업 지시로 사용자가 원하는 결과물까지 끌어올 수 있다.

둘째, 엑셀 함수를 쉽게 배우고 활용할 수 있다. 엑셀과 관련된 복잡한 수식을 외우거나 인터넷에서 검색하는 대신 챗GPT를 개인 교사처럼 활용하는 것이다.

예를 들어 "엑셀에서 A열에 있는 상품 판매액과 B열에 있는 할인율을 곱해서 C열에 실제 판매액을 계산하고 싶어. 그리고 할인율이 15% 이상인 상품만 따로 표시하고 싶어"라고 하면 챗GPT는 아래와 같은 답을 한다.

=IF(B1>=0.15, A1*B1, "")와 같은 함수를 사용할 수 있습니다. 이 함수는 B열의 할인율이 15% 이상일 때만 A열의 판매액과 B열의 할인율을 곱한 값을 C열에 표시하고, 그렇지 않으면 공백으로 남겨 두는 방식입니다.

반대로 INDEX-MATCH, VLOOKUP, OFFSET 같은 어려운 함수 내용과 관련된 수식을 붙여 놓으면 챗GPT는 "이 공식은 A1:D20 범위에서 '서울'이 있는 행을 찾은 뒤, 세 번째 열 값을 반환한다"와 같은 답으로 쉽게 이해시켜 준다.

셋째, 비정형 데이터를 엑셀 형식으로 전환하는 것이다. 챗GPT는 웹페이지, PDF 문서, 이메일, 이미지 속의 표까지 인식하여 엑셀 형식으로 정리해 줄 수 있다. 이는 직접 데이터를 입력하

 Chapter 3 조직 업무를 위한 AI 활용

는 단순 반복 작업을 크게 줄여 준다. 예를 들어 "이 회의록에서 날짜, 담당자, 진행 내용 등을 열 단위로 정리해 엑셀 CSV 형태로 정리해 줘."라고 하면 그에 맞는 답을 제공한다. 대신 여기서 한 가지 주의할 점은 일부 공공 기관이나 일부 기업에서는 이를 개인 정보로 적용할 수도 있는 만큼 제한이 생길 수 있으니 작업을 진행하기 전에 규정을 잘 살펴볼 필요가 있다.

GPT for Excel 활용하기

GPT for Excel은 엑셀 내 '추가 기능'에서 설치하면 된다. GPT for excel은 사용자의 명령을 이해하고 데이터를 조작하는 다양한 함수를 제공한다. GPT for excel은 기존 엑셀에서 할 수 있는 함수인 SUM, AVERAGEIFS, VLOOKUP 등을 활용하여 작업을 할 수 있으며 차트를 만들거나 매크로 작업 등도 충분히 가능하다. 특히 아래 4가지 함수 형태는 GPT for Excel만의 이점으로 업무에 자주 활용될 수 있다.

GPT_SUMMARIZE(요약)는 긴 텍스트 내용을 자동으로 요약해 준다. 예를 들어 한 열에 수십 개의 데이터가 있을 때 각 데이터를 읽고 파악하는 대신 이 함수를 사용하면 핵심 내용을 빠르게 파악할 수 있다. 오히려 데이터의 길이가 길수록 이 함수의 진가가 발휘된다. 함수로 수식하면 아래와 같다.

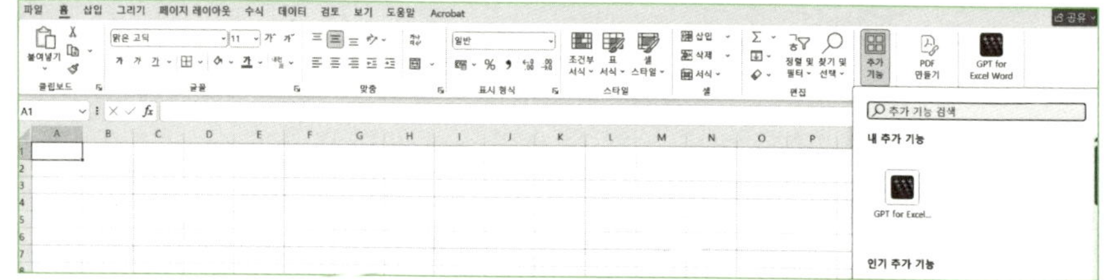

▲ GPT for Excel은 엑셀 내 '추가 기능'에서 설치하면 된다

```
=GPT_SUMMARIZE(A2:A50)
```

GPT_CLASSIFY(분류)는 텍스트를 사용자가 지정한 카테고리로 분류한다. 예를 들어 고객 문의 데이터를 배송, 결제, 상품 등으로 자동 분류하여 유형별로 응답 건수를 분석할 수 있다. 또한 리뷰 유형을 긍정, 부정, 중립, 문의 등으로 분류하여 고객 반응을 체계적으로 분석할 수 있다. 함수로 수식하면 아래와 같다.

```
=GPT_CLASSIFY(B2, "배송, 결제, 상품, 문의")
=GPT_CLASSIFY(C2:C200, "긍정, 부정, 중립")
```

GPT_FILL(채우기)은 불완전한 데이터를 채워 넣는데 활용도가 높다. 예를 들어 일부 데이터만 입력된 주소록이 있을 때 주변 데이터를 학습하여 누락된 주소나 우편번호를 추론하여 자동으로 채워 넣을 수 있다. 혹은 서울, Seoul 등 다른 형태로 입력된 것도 쉽게 통일할 수 있다. 몇 개의 예시만 보여 주는 것으로 나머지 수천 건의 데이터를 동일한 형식으로 정리해 줄 수 있다. 이는 수작업으로 데이터를 완성하는 시간을 획기적으로 줄여 줄 수 있다. 함수로 수식하면 아래와 같다.

```
=GPT_FILL(D2:D500, "서울시 ○○○구")

=GPT_FILL(E2:E100, "우편번호 5자리")
```

GPT_EXTRACT(추출)는 텍스트에서 특정 정보를 추출하는 것이다. 예를 들어 명함 사진에서 이름, 전화번호, 이메일 주소만 따로 꺼내어 엑셀 시트에 정리할 수 있다. 또한 여러 웹페이지에서 수집한 상품 후기에서 가격, 제품명, 판매처 같은 특정 정보를 일괄적으로 꺼내는 것도 가능하다.

```
=GPT_EXTRACT(F2, "제품명")

=GPT_EXTRACT(G2:G100, "전화번호, 이메일")
```

GPT for Excel은 범용으로 활용되는 기본 함수뿐만 아니라 API를 직접 연동하여 나만의 함수를 만들어 활용할 수 있다. API Application Programming Interface란 서로 다른 프로그램이 대화하고 기능을 주고받을 수 있게 해 주는 응용 프로그램을 말한다. 이를 통해 사용자는 GPT의 언어 능력을 엑셀 안으로 직접 불러와 원하는 작업을 자동화할 수 있다.

예를 들어 상품 코드를 입력하면 해당 상품의 특징을 설명하는 문구를 자동으로 생성하는 함수를 만들 수 있다. API를 연동해 GPT_DESCRIBE() 맞춤형 함수를 만들어 두면 특정 열에 상품 코드만 입력해도 다른 열에 자동으로 '이 상품은 여름철에 적합한 가벼운 소재의 반팔 티셔츠로 세탁이 간편하고 통풍이 좋아 활동성이 뛰어납니다'와 같은 설명이 채워진다.

이 과정에서 중요한 건 프롬프트 설계다. API 함수가 불러올 결과는 사용자가 어떤 지시를 내렸는지에 따라 크게 달라질 수 있다. 단순하게 상품 설명만 요청하는 것보다 AI에 역할과 조건을 구체적으로 제시하는 게 더 효과적인 결과를 불러올 수 있다. 물론 API 연동은 다소 복잡한 절차가 필요한 만큼 바로 시도하기에는 진입 장벽이 발생할 수 있다. 하지만 이를 잘 활용한다면 조직 전체의 생산성을 크게 끌어올릴 수 있을 것이다.

GPT for Excel 외에도 다른 AI 툴을 활용하여 엑셀 활용 능력을 키울 수 있다. 코파일럿 포 엑셀Copilot for Excel은 마이크로소프트 365에 내장된 AI 비서로서 전체적인 데이터 분석이나 시각화를 요청하는 데 아주 우수한 역량을 보인다. 포뮬라봇FormulaBot은 엑셀 함수 생성에 특화된 AI로 자연어로 원하는 계산을 설명하면 자동으로 엑셀, 구글 시트용 수식을 생성한다. 복잡한 함수를 만들어야 할 때 도움이 된다.

조직 생활에서 PPT(프레젠테이션) 제작은 피할 수 없는 숙명과도 같다. 기획안, 결과 보고, 사업 제안서 등 중요한 의사결정의 순간에는 언제나 PPT가 함께한다. 그만큼 PPT에 들이는 시간과 노력도 많이 들어간다. 만약에 회의가 정해진 기한보다 앞당겨진다면 당황스러울 수밖에 없다. 특히 디자인 감각이 부족한 사람은 PPT에 많은 어려움을 느낀다.

다행히도 AI가 이러한 부분을 충분히 해소시킬 수 있다. 특히 챗GPT와 감마Gamma, 뷰티풀, 마이크로소프트 코파일럿, 젠스파크 등과 협업하여 PPT 제작의 패러다임을 완전히 바꿀 수 있다. 두 AI의 핵심 전략은 역할 분담이다. 챗GPT를 통해 발표의 전체적인 뼈대를 잡고 감마를 통해 전달할 내용을 시각화하는 것이다.

이를 잘 활용하면 과거 며칠씩 걸리던 PPT 제작을 1시간 내에 전문가 수준으로 완성할 수 있다.

챗GPT로 PPT 뼈대 만들기

훌륭한 발표는 탄탄한 기획에서 시작된다. 어떤 내용을, 어떤 순서로 전달할지 결정하는 것이 중요하다. 챗GPT를 활용하면 이러한 기획 과정을 매우 빠르고 논리적으로 진행할 수 있다.

상황은 부서 내 신입사원들을 대상으로 '보고서 작성법'에 대한 교육 발표를 준비하는 것으로 하여 챗GPT에 프롬프트를 아래와 같이 입력한다.

너는 20년 차 기획 전문가야. 사내 신입사원(경력 1년 미만)을 대상으로 '상사에게 인정받는 업무 보고서 작성법'이라는 주제의 30~40분짜리 프레젠테이션(슬라이드 15장 미만)을 준비해야 해. 신입사원들이 이해하기 쉽고, 실제 업무에 바로 적용할 수 있도록 전체 목차와 슬라이드에 들어갈 핵심 텍스트를 나열해 줘.

이렇게 하면 챗GPT는 슬라이드별 목차와 이에 살을 붙일 핵심 텍스트를 제공한다. 여기에 추가로 아래와 같은 내용을 넣으면 더 좋은 목차와 내용을 받을 수 있다.

 **발표 목표:** 보고서 작성의 중요성을 알리고, 간결하면서도 논리적인 보고서 작성의 핵심 원칙 3가지를 제시함.

핵심 내용: 왜 보고서가 중요한지와 좋은 보고서란 무엇인지 청자의 관심을 불러일으키기 위해 좋은 보고서와 좋지 못한 보고서를 비교, 대조하여 전달함

핵심 원칙: 두괄식 구조로 결론부터 말하기 / 핵심 키워드를 중심으로 간결하게 작성하기 / 표, 그래프를 활용하여 데이터가 한눈에 들어오도록 시각화하기

마무리: 핵심 내용 요약 및 질의

1. 오프닝 - 왜 보고서가 중요한가

→ 보고서는 신입의 첫인상. 상사는 보고서를 통해 업무 태도·사고력을 평가.

2. 상사의 입장에서 생각하기

→ 상사는 결론과 요점만 필요. 보고서는 '상사에게 주는 서비스 문서'.

3. 좋은 보고서 vs 나쁜 보고서

→ **좋은 보고서:** 한눈에 요약 / **나쁜 보고서:** 장황, 결론 없음. 사례 비교.

4. 보고서 작성 3원칙

→ 명확성(모호함 금지), 간결성(짧고 단순), 논리성(흐름 자연스러

움).

5. 보고서 기본 구조

→ (1) 제목 (2) 배경 (3) 현황 (4) 분석 (5) 제안. 골격만 지켜도 완성도 상승.

6. 데이터와 근거 제시 방법

→ 숫자+출처 필수. 표/그래프는 '한 장에 하나의 메시지'. 불필요한 장식 제거.

7. 글쓰기 팁: 짧게·쉽게·핵심만

→ 문장은 15~20자, 전문 용어 최소화, 결론 먼저–설명 나중.

8. 시각 자료 활용법

→ 표=비교, 그래프=추세, 도식=구조. 보기 좋은 자료가 설득력 강화.

9. 상사가 좋아하는 문장 / 싫어하는 문장

→ **좋아함**: "A가 20% 개선됨." / **싫어함**: "노력했으나 부족." → 성과·사실 중심.

10. 실제 보고서 개선 사례 (Before & After)

→ Before: 장황/결론 없음 → After: 핵심 문구 3개+그래프, 눈에 확 들어오는 변화.

11. 구두 보고 vs 문서 보고

→ 구두=1분 요약 / 문서=근거 포함. 상황에 맞게 강약 조절.

12. 최종 점검 체크리스트

> → 제목 명확? 결론 눈에 띔? 데이터 신뢰성? 문장 간결? 한
> 장=한 메시지?
>
> **13. 정리 & Q&A**
>
> → 보고서는 상사의 시간을 절약해 주는 문서. 핵심→근거→
> 제안을 기억.

이러한 목차와 핵심 텍스트가 완성되었다면 사용자는 슬라이드 안에서 어떤 내용을 전달할 것인지도 준비해야 한다. 사용자는 챗GPT에 추가로 프롬프트를 제시할 수 있다. 예를 들면 아래와 같다.

> 목차 4번 내용에서 중요 항목에 대해 발표자가 말로 설명할 수 있는 2~3문장 분량의 스크립트를 작성해 줘. 톤은 차분하고 설득력 있게 하면 좋겠어.

그러면 챗GPT는 아래와 같은 답을 제공한다.

> **중요 항목 1: 명확성 - 모호한 표현 금지**
>
> "보고서에서 가장 중요한 건 애매하지 않은 표현입니다. '빠른 시일 내에' 같은 모호한 문구는 상사가 언제까지라는 감을 잡기 어렵습니다. 구체적으로 '이번 주 금요일까지'처럼 기한을 명시해야 업무의 신뢰도가 높아집니다."

중요 항목 2: 간결성 - 짧고 단순하게

"보고서는 글솜씨를 뽐내는 자리가 아닙니다. 한 문장에 여러 의미를 담기보다, 한 줄에 하나의 메시지를 담아야 합니다. 상사는 바쁘기 때문에 불필요한 수식어 없이 핵심만 전달하는 간결성이 무엇보다 중요합니다."

중요 항목 3: 논리성 - 흐름이 매끄럽게 이어져야 함

"아무리 좋은 데이터와 근거라도 흐름이 뒤죽박죽이면 상사는 혼란을 느낍니다. 배경에서 현황, 분석, 결론으로 자연스럽게 이어지는 구조가 논리성을 보여 줍니다. 결론이 어디에 있는지 명확히 드러나야 상사가 빠르게 판단할 수 있습니다."

이렇게 챗GPT는 발표자가 말할 문장까지 제안해 주므로 발표원고와 슬라이드 구조를 동시에 해결할 수 있다.

감마로 PPT 완성하기

챗GPT로 구조를 잡았다면 감마로 살을 붙여 가며 PPT를 완성하면 된다. 감마는 텍스트를 입력하면 AI가 알아서 전체 디자인을 완성해 준다. 복잡한 파워포인트 기능이나 디자인 템플릿을 고르는 고민 없이 사용자가 내용에 집중할 수 있게 도와준다. 감마는 처음에 가입할 때 400크레딧을 기본으로 제공하고 그 이상을

사용하려면 유료로 진행해야 한다. 일반적으로 하나의 프레젠테이션을 만들 때 40크레딧 정도가 소모된다. 유료(월 20달러)로 진행하면 크레딧 걱정 없이 프리미엄 이미지와 고급 편집을 사용하며 자유롭게 콘텐츠를 만들 수 있다.

먼저 감마 웹사이트 https://gamma.app에서 새로 만들기 Create new를 클릭한다. 이후 여러 옵션 중에서 '텍스트 붙여 넣기'를 선택하고 챗GPT가 생성해 준 발표 기획안 텍스트를 붙여 넣는다. 물론 감마에서 목차 생성을 요구할 수 있다. 그러나 챗GPT만큼 세밀하고 논리적인 목차를 제공받기는 쉽지 않은 만큼 챗GPT와의 협업을 우선으로 진행하는 것이 훨씬 나은 결과를 불러온다.

작업 시 아래에 '이 콘텐츠로 어떤 작업을 하고 싶으신가요?'에서 원하는 내용을 클릭하여 프롬프트 편집기로 넘어간다. 텍스트를 붙여 넣으면 AI가 내용을 분석하고 다양한 디자인 테마를 제

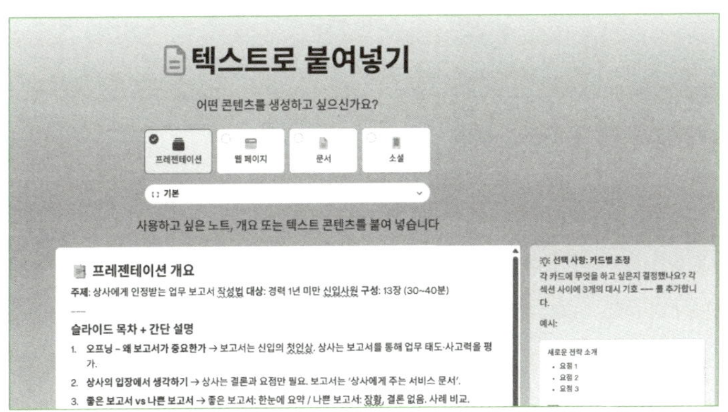

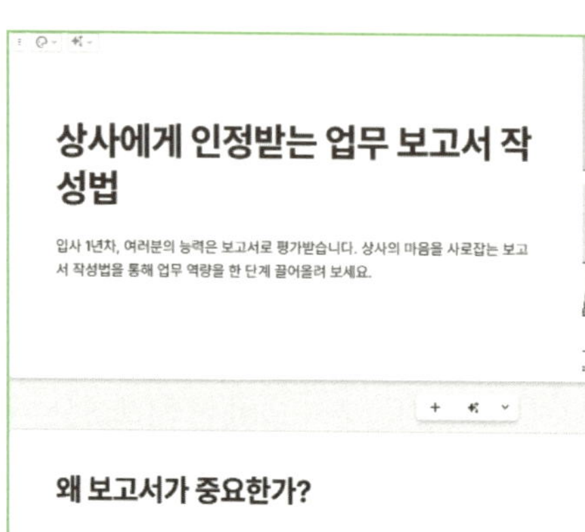

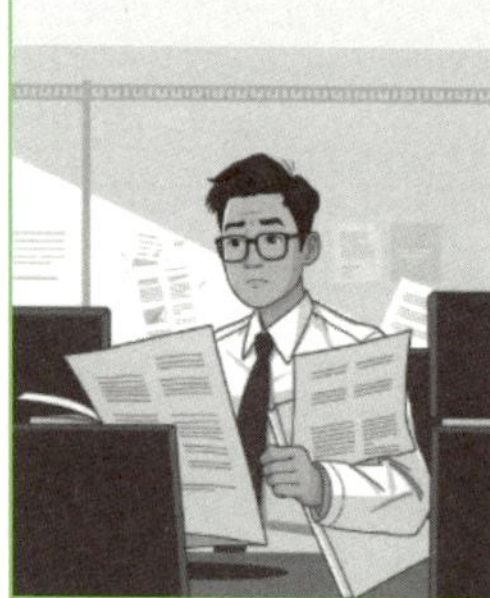

▲ 감마는 텍스트 내용을 바탕으로 각 슬라이드를 자동 생성하고 전체 PPT 디자인을 완성한다.

안한다. 발표의 목적과 분위기에 맞는 테마를 선택하면 된다.

여기까지 완성하면 감마는 텍스트 내용을 바탕으로 각 슬라이드를 자동 생성하고 내용에 맞는 아이콘과 이미지까지 배치하여 전체 PPT 디자인을 완성한다. 생성된 슬라이드는 파워포인트처럼 자유롭게 텍스트를 수정하거나 이미지를 교체하는 등 세부적인 조정이 가능하다. 이렇게 완성한 내용을 PPT나 PDF 문서로 저장할 수 있으며, 상단의 '공유'-'내보내기'를 클릭하면 외부로 전달이 가능하다. 만약 조직별 통일해야 하는 디자인이 있다면 그 디자인을 바탕으로 하되 감마에서 제공한 텍스트와 텍스트 배치를 고려하여 PPT를 완성하면 아주 손쉽게 진행할 수 있다.

챗GPT와 감마의 조합 외에도 특정 목적에 맞춰진 다양한 AI 프레젠테이션과 시각화 툴이 존재한다. 톰Tome은 스토리텔링에 특화된다. 슬라이드보다 '흐름'에 집중하여 신사업 제안이나 아이디어 발표처럼 청중의 마음을 움직여야 할 때 유리하다. 뷰티풀 AIBeautifulai는 디자인 규칙을 AI가 대신 적용해 주는 지능형 템플릿을 제공한다. 사용자가 텍스트나 이미지를 추가하면 AI가 슬라이드 전체의 레이아웃과 정렬을 실시간으로 최적화한다.

젠스파크Zenspark는 데이터 시각화에 특화되어 있으며 리서치와 자료 분석에 특화된 만큼 금융 기관, 공공 기관 등의 보고서 제작에 강점을 둔다. 스카이워크 AISkywork AI는 AI 팀 단위 협업에 최적화되어 여러 부서가 동시에 자료를 작성할 때 효율적이다.

AI 비서로 경제 리포트 작성 및 주가 분석하기

출근길 아침에 사람들은 스마트폰으로 메신저나 이메일만큼이나 주식 관련 정보를 확인한다. 그런데 막상 둘러보면 중요한 정보와 그렇지 않은 정보가 뒤섞여 있는 데다, 정보를 모아 둔다 해도 따로 정리하지 않으면 금세 잊어버린다. 이럴 때 AI를 제대로만 활용하면 이 모든 정보를 자신이 원하는 방식대로 요약하고 분석하여 정해진 시간에 이메일로 받아 보는 '자동화 시스템'을 구축할 수 있다. 이는 복잡한 코딩이나 비싼 유료 서비스를 이용하지 않고 챗GPT Tasks를 활용하면 된다. 시스템을 구축하기 위해선 2단계의 절차가 필요하다.

1단계는 리포트의 청사진을 설계해야 한다. 자신이 원하는 결과물의 구조와 내용을 최대한 상세하고 명확하게 정의하는 것이다. 이제부터는 이를 '마스터 프롬프트'라 부를 것이다. 이 프롬프트를 한번 잘 만들어 두면 매일 일관된 고품질의 경제 리포트를 얻을 수 있다. 리포트는 거시적인 경제 지표에서 시작해 산업, 개별 종목을 거쳐 자신의 포트폴리오 순으로 좁히는 탑다운Top-down 방식으로 구성하는 것이 효과적이다. 아래는 바로 활용 가능한 프롬프트의 예시이며, 세부 내용은 자신의 투자 관심사에 맞게 자유롭게 수정할 수 있다.

너는 20년 경력의 유능한 자산 관리 전문가PB야. 내 목표는 몇 년 내에 수익률이 ○○% 넘기는 거야. 이를 이루기 위해서 아래의 항목과 형식에 맞춰서 당일 날짜 기준의 데일리 경제 리포트를 작성해 줘. 모든 정보는 최신 데이터를 기반으로 하고 간결하면서도 명확하게 서술해 줘.

1. 세계 경제 핵심 브리핑 - 미국 증시 3대 지수의 마감 지수, 등락률, 마감 시황에 영향을 미친 핵심 요인을 간단하게 분석해 줘.

2. 주요 경제 지표 - 미국 10년물 국채 금리, WTI 유가, 국제 금 가격의 현재 시세와 전일 대비 변동률을 알려 줘.

3. 현재 시각의 원/달러 환율과 그 변동의 주요 원인 - 왜 이런 일이 생겼는지 설명해 줘.

4. 국내 증시 동향 - 전일 코스피와 코스닥 마감 지수, 외국

인과 기관의 순매수 동향과 국내 증시에 긍정적, 부정적으
로 작용할 주요 변수를 3가지씩 알려 줘.

5. **포트폴리오 종목 흐름** - 내 포트폴리오(예-삼성전자, 테슬라)
내 종목의 전날 종가, 등락률, 외국인 및 기관의 순매수 동향
과 함께 각 종목과 관련된 중요한 최신 뉴스를 한 문장으로
요약해 줘.

6. **주요 경제 뉴스 헤드라인** - 국내외 주요 언론사에서 다룬
가장 중요한 경제 뉴스 헤드라인 5개를 선정해서 출처와 함
께 제시해 줘.

그러면 아래와 같은 답변을 받을 수 있다.

안녕하세요. 오늘자 데일리 경제 리포트입니다.

1) 세계 경제 핵심 브리핑 (미국, 8/19일 현지)

- 다우 44,922.27(+0.1%), S&P500 6,411.37(-0.6%), 나
스닥 21,314.95(-1.5%).

- 핵심 요인: 잭슨홀 경계감, 반도체/빅테크 차익실현 심리.

2) 주요 지표 (전일 대비)

- 미10Y 4.3%대(소폭 하향/보합), WTI 약 62달러대, 금 선
물 3,3xx달러/oz 부근.

3) USD/KRW

- 1,39x원/$ (원화 약세 압력: 달러 강세·잭슨홀 경계).

4) 국내 증시(8/19)

- 코스피 3,151.56(-0.81%), 코스닥 787.96(-0.47%)

- 수급: 외국인 순매도, 기관 일부 순매수.

- 변수(+): 금리 안정, 반도체 업황 회복 기대, 환율 안정

- 변수(-): 잭슨홀 불확실성, 달러/유가 변동성, 지정학 리스크

5) 포트폴리오(예: 삼성전자/테슬라)

- 삼성전자 100,000원(±0.0%) - 하반기 메모리 업황 회복 기대.

- 테슬라 $329.31(-1.75%) - 자율주행 관련 집단 소송 이슈 부담.

6) 주요 경제 헤드라인(5)

- 빅테크 약세·잭슨홀 경계로 S&P·나스닥 하락

- 미 10Y 4.3%대 관망

- WTI 62달러대

- 외국인 순매도에 코스피 하락

- 테슬라 소송 이슈로 약세

※ 참고: 수치는 시점별로 변동 가능. 아침 리프레시 권장.

물론 같은 데이터를 보더라도 어떤 질문을 하느냐에 따라 결과물의 질이 달라진다. 그렇기에 질문의 깊이를 세밀하게 더한다면

더 좋은 답변을 받을 수 있을 것이다. 단 이 과정에서 중요한 것은 AI 답변을 맹신하지 않는 것이다. AI는 때때로 그럴듯하지만 사실이 아닌 정보를 만들어 내는 환각 현상을 보일 수 있다. 따라서 AI가 제공하는 것은 '정보에 기반한 통찰'이지, '절대적인 투자 지침'이 아님을 명심해야 한다. 특히 중요한 수치나 정보는 답변에 함께 제공되는 출처 링크를 직접 클릭하여 '교차 확인하는 습관'이 필요하다.

2단계는 데일리 경제 리포트를 이메일로 보내는 작업을 진행하는 것이다. 그러한 방법으로 우리는 챗GPT Tasks 기능을 활용할 수 있다. 이 기능은 사용자가 원하는 작업을 사전에 설정하고, 정해진 시점에 자동으로 실행할 수 있도록 지원하는 것이다. 진정한 AI Agent로서의 확장으로 볼 수 있다. 베타 버전이 진행 후에 현재는 챗GPT의 핵심 기능으로 쓰이고 있다.

먼저 완성된 마스터 프롬프트를 챗GPT 본문에다가 작성한다. 그리고 이 프롬프트의 이름을 '데일리 경제 리포트'라고 지칭한 후 "매일 특정한 시각에 데일리 경제 리포트를 보내 줘"라고 작성하면 된다. 그러면 챗GPT는 매일 같은 시간에 자동으로 마스터 프롬프트를 실행한다. 이 설정은 마치 알람 시계를 맞추듯 간단하다. 주기나 시간대를 다르게 할 수도 있으며, 마스터 프롬프트의 세부 내용도 언제든 변경할 수 있다. 프롬프트의 내용이 세밀할수록 상세한 답변을 받을 수 있다. 반면에 너무 불필요한 정보가 많

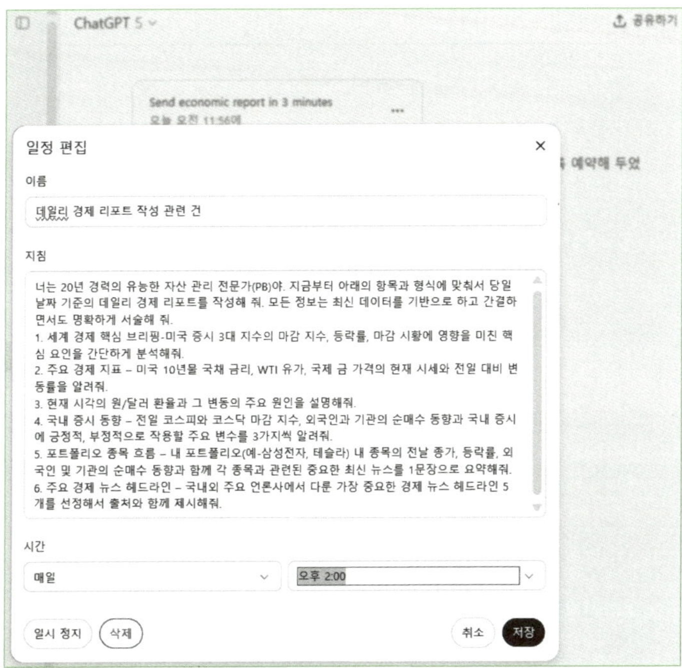

▲ 챗GPT Tasks 기능은 사용자가 원하는 작업을 사전에 설정하고 정해진 시점에 자동으로 실행할 수 있도록 지원한다.

다고 싶으면 핵심 내용만 언제든지 받을 수 있다. 결국 사용자인 우리가 선택할 일이다.

이 과정이 정상적으로 완성되었다면 이제 그 결과를 자기 이메일로 전송하도록 연결해야 한다. 챗GPT는 Gmail이나 Oultook 계정을 연동할 수 있으며, 처음에 한 번만 계정 접근 권한을 허용하면 된다. 즉 사용자는 로그인도, 복사하여 붙여 넣기도 필요 없이 메일함에서 결과물을 확인하기만 하면 된다. 리포트를 확인하면서 더할 내용과 불필요한 내용을 수정하면서 자신만의 경제 포트폴리오를 완성해 나갈 수 있다.

자동화된 데일리 리포트가 시장의 흐름을 놓치지 않게 돕는 '수비'의 영역이라면, AI를 활용한 능동적인 리서치는 수익률을 높이는 '공격'의 영역이다. 데일리 리포트를 확인하다가 궁금한 점이 생기거나, 새로운 투자 아이디어를 얻고 싶으면 다음과 같이 AI를 활용할 수 있다.

나의 현재 포트폴리오는 삼성전자 40%, 테슬라 30%, 나이키 30%야. 전문 애널리스트로서 이를 세밀하고 명확하게 진단해 줘. 현재 시장에서 리스크 대비 비중을 어떻게 재조정하면 좋을지, 이 포트폴리오에 제외하거나 비중을 줄여야 할 부분이 있거나, 추가할 만한 다음 후보 주식이 있다면 2~3개를 추천하고 그 이유를 타당한 근거에 맞춰서 설명해 줘.

물론 챗GPT나 제미나이 같은 범용 AI가 모든 것을 해결해 주지는 않는다. 더 전문적이고 깊이 있는 분석을 원한다면 금융 시장에 특화된 AI 툴을 함께 활용하는 것이 좋다.

대표적으로 스톡히어로StockHero는 사용자가 설정한 전략에 따라 리포트의 분석 결과를 반영해 자동으로 주식을 매매하는 AI 트레이딩 봇 서비스를 제공한다. 핀GPT나 블룸버그GPT는 방대한 금융 데이터와 뉴스에 특화된 언어 모델을 기반으로 더 높은 정확도의 시장 예측과 분석을 제공한다. 테블로Tableau는 데이터 시각화 툴로서 복잡한 시장 데이터 속에서 숨겨진 패턴과 인사이트를 발견하는 데 도움을 준다. 퍼플렉시티Perplexity는 챗GPT나 제미나이처럼 최신 뉴스와 리서치를 빠르게 찾아 요약하여 데일리 리포트의 보조 역할로 사용하기에 좋다.

이처럼 챗GPT의 자동화 기능을 중심으로 자신만의 정보 시스템을 구축하고, 필요에 따라 전문 툴을 보완적으로 활용한다면 직장인 투자자도 전문 애널리스트 못지 않은 정보력과 분석력을 갖추어 성공적인 투자 습관을 갖출 수 있을 것이다.

AI로 비즈니스 메일 작성하기

회사에서 메일은 단순히 문서 전달의 수단에 그치지 않고, 협력의 시작이자 관계를 쌓는 매개체의 역할을 한다. 특히 첫 거래를 시작하거나 중요한 협력 제안을 할 때는 메일 한 통이 우리의 첫인상을 결정짓는 핵심적인 요소가 된다. 그러다 보니 많은 사람이 메일 작성을 할 때 수많은 고민을 한다. '어떻게 표현해야 실례가 되지 않을까?', '이 문장이 너무 딱딱한 것은 아닐까?' 하는 의문은 조직에 있는 사람이라면 한 번쯤은 들어 봤을 것이다. 혹여 영어로 메일을 작성해야 할 때는 문법, 뉘앙스, 문화적 차이까지 신경 써야 해 그 부담이 더욱 커지게 된다.

이러한 고민을 획기적으로 줄여 주는 것이 바로 AI 비서다. 특히 구글 생태계와 긴밀히 연결된 제미나이는 메일 작성 과정 전반을 매끄럽게 지원한다. AI는 초안 작성, 표현 개선, 문장 교정, 톤 조절 등의 과정이 자연스럽게 이어지도록 돕는다. 중요한 것은 AI가 단순히 글을 대신 써 주는 게 아닌, 우리의 의도와 맥락을 정확하게 파악해 더욱 효과적인 메시지를 완성하도록 돕는다는 점이다.

먼저 초안을 작성할 수 있는 준비를 해야 한다. 실제 메일을 보내기 전에 AI에 '이런 의도를 담아 초안을 작성해 줘'라고 요청하면, 우리는 다양한 버전의 내용을 빠르게 비교하여 가장 적합한 방향을 찾을 수 있다. 예를 들어 최근 미팅을 마친 거래처에 새로운 제안서를 전달하려고 한다. 그렇다면 이렇게 요청할 수 있다.

오늘 미팅을 마친 고객사에 보내는 후속 메일 초안을 작성해 줘. 미팅에서 논의했던 주요 내용을 요약하고, 다음 주까지 제안서를 전달하겠다는 내용을 담아 줘. 메일의 용어는 전문적이면서도 격식은 가지되 친근한 느낌을 주면 좋겠어.

제미나이는 이와 관련하여 몇 가지 버전을 내놓을 것이다. 어떤 버전은 간결하고, 또 다른 버전은 정중함을 강조한다. 작성자는 그중 하나를 선택하거나, 원하는 방향으로 일부 수정을 요청할 수 있다. 이 과정은 마치 초안을 놓고 편집자와 논의하는 과정과 비슷하다. 특히 한국 사회의 비즈니스 메일은 전통적으로 격식을 갖추되 간결한 문장이 중요하다. '안녕하십니까'로 시작해 '감사합니다'로 끝나는 정형화된 구조가 많지만, 그 안에서도 미묘한 차이가 신뢰를 좌우할 수 있다. 아래는 이러한 한국식 메일의 특징을 반영하여 제미나이가 내놓은 답변 중 하나이다.

제목: 금일 미팅 관련하여 연락드립니다.

S사 XXX 팀장님.

안녕하십니까. A사 홍길동입니다.

오늘 바쁘신 와중에도 귀한 시간을 내어 주셔서 진심으로 감사드립니다. 금일 미팅에서 논의했던 핵심 내용을 아래와 같이 요약해 보았습니다.

…

논의 내용을 바탕으로 다음 주 월요일까지 제안서를 정리하여 전달드리겠습니다.

궁금한 점이나 추가로 논의할 내용이 있으시면 언제든지 편하게 말씀해 주십시오.

감사합니다.

홍길동 드림

02-XXXX-XXXX

이 초안은 필요한 정보를 모두 포함하면서도 부담스럽지 않은 톤을 유지한다. 작성자는 불필요하거나 오류라 판단되는 내용을 수정하는 선에서 자연스럽게 문장을 수정할 수 있다.

영어 비즈니스 메일 보내기

예전에는 무역과 관련한 산업 분야에서만 영어로 메일 소통이 많았다. 그런데 세계화가 되면서 산업 분야, 기관 특징과 상관없이 영어로 메일을 쓰는 일이 많아졌다. 물론 한글로 내용을 작성한 후에 파파고로 영어를 번역 및 작문해서 보낼 수 있지만 그러기엔 일이 너무 번거롭고, 부정확할 수 있다. 왜냐하면 기본 번역기들은 대부분 문맥의 흐름과 상관없이 내용만 직관적으로 받아들이기 때문이다. 쉽게 말해 유머를 유머로 받아들이지 못하고, 격식을 올바르게 차린다고 보기 어렵다.

외국인과의 메일에서는 문법의 정확성을 바탕으로 한 명확한 전달만큼이나 문화적 뉘앙스까지 고려해야 한다. 한국식 표현을 그대로 옮기면 지나치게 장황하거나 때로는 의도와 다르게 받아들여질 수 있다. 이럴 때 제미나이는 원어민이 사용하는 자연스러운 표현을 제안하며 소통의 효율을 높여 준다. 예를 들어 잠재적 바이어에게 제품 샘플을 제안하는 메일을 아래처럼 작성해 본다.

며칠 전 S room에서 만났던 ○○에게 보내는 메일 초안을 영어로 작성해 줘. 다음 주 수요일 오전 10시 EST에 온라인 미팅을 제안할 거야. 이메일은 간결하고 전문적인 톤을 유

제미나이가 제안한 초안은 다음과 같다.

Subject: Proposal for Online Meeting Next Wednesday

(제목: 다음 주 수요일 온라인 미팅 제안)

Body(내용):

Dear ○○.

I hope this message finds you well. It was a pleasure to meet you at the S room last week. I would like to propose an online meeting on next Wednesday at 10:00 AM (EST) to discuss our ongoing collaboration. Please let me know if this time works for you, or kindly suggest an alternative that is more convenient.

Best regards,

(안녕하세요 ○○님,

지난주 S 룸에서 만나 뵙게 되어 반가웠습니다.

이번 협업 건에 대해 논의하기 위해 다음 주 수요일 오전 10시-미 동부시간 기준-에 온라인 미팅을 제안드립니다.

비즈니스 커뮤니케이션에 제미나이를 쓰는 이유는 구글 서비스와의 연계에 있다. 특히 지메일의 'Help me write' 기능은 혁신적이다. 지메일에서 메일을 작성하다가 버튼 하나만 누르면 AI가 메시지의 맥락을 파악해 초안을 작성하거나 기존 문장을 더 나은 표현으로 다듬어 준다. 구글 독스에서 긴 보고서를 작성한 후에 지메일로 바로 옮겨 발송하는 것도 자연스럽게 이어진다. 사용자는 언어적 실수를 걱정하지 않고 전략과 메시지 자체에 집중할 수 있다. 특히 외국어 사용이 부담스러운 사람에게는 큰 장점이 될 수 있다. 또한 이러한 연동 과정은 업무 흐름 전체를 간편하게 만들기도 한다. 예를 들어 메일에서 회의 일정을 제안하면 AI가 캘린더에 자동으로 초대장을 생성할 수 있어서 업무의 생산성을 높일 수 있다.

제미나이가 전반적인 메일 작성을 돕지만 특정 영역에 특화된

다른 AI 툴과 함께 사용하면 효과를 극대화할 수 있다. 그래머리 Grammarly는 영어 문법, 철자, 어투 교정에 최적화되어 있으며 실시간으로 문장의 정확도를 높인다. 라이트메일WriteMail은 메일 작성만을 위한 AI 서비스로 키워드만 입력하면 즉시 초안을 빠르게 완성해 준다. Jasper AI는 마케팅 콘텐츠 생성에 강점을 보이며 창의적이고 설득력 있게 내용을 꾸리고 싶을 때 유용하다.

비즈니스 메일은 상대와의 관계를 결정짓는 중요한 부분임을 명심해야 한다. 제미나이와 같은 AI 툴은 그러한 관계성을 높이는 데 특화할 수 있다. AI는 조직 내 업무 효율성을 높이는 중요한 협력 파트너임을 잊어서는 안될 것이다.

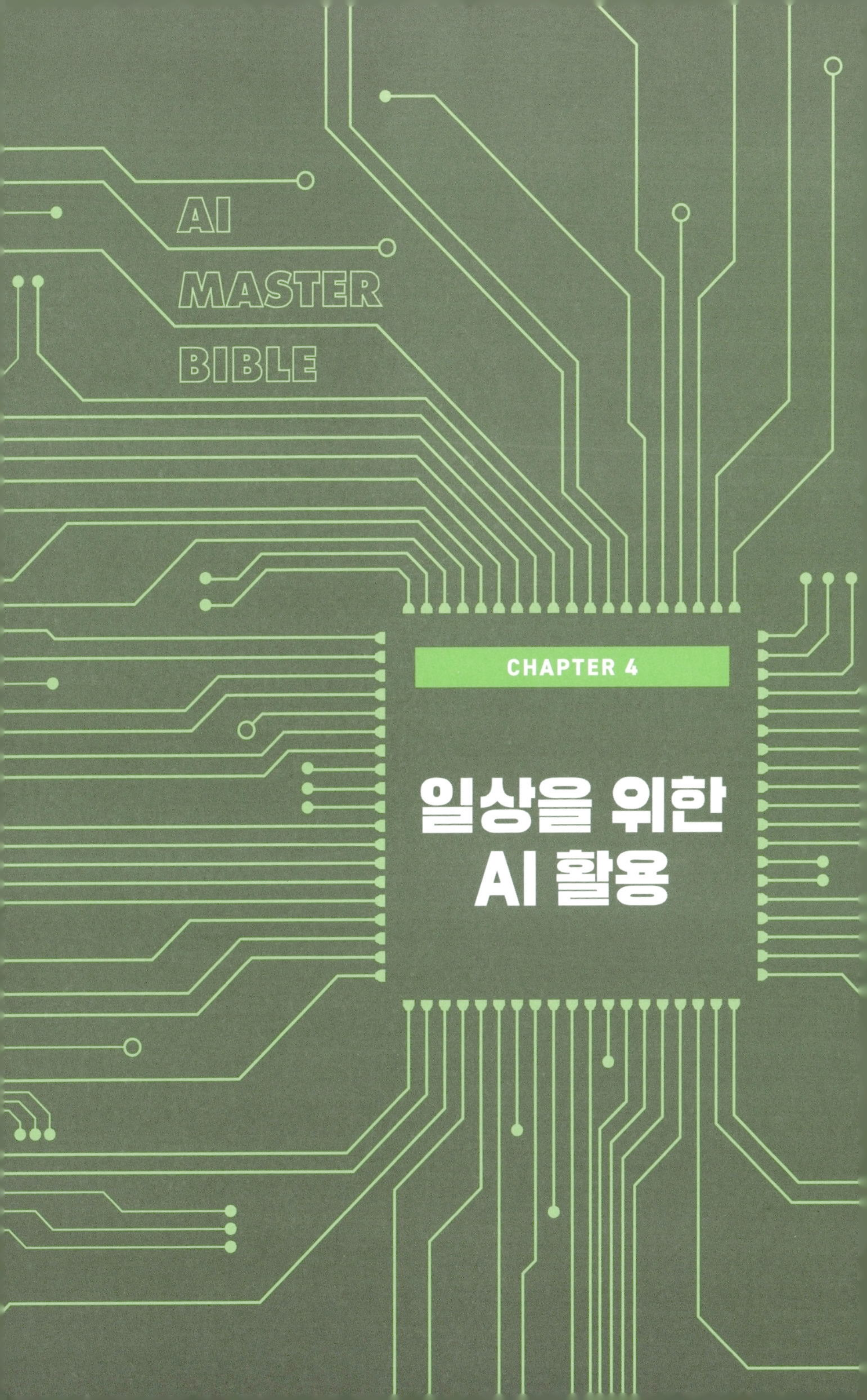
AI
MASTER
BIBLE
CHAPTER 4
일상을 위한
AI 활용

AI로 부가 수입 창출하기

언젠가부터 'N잡러'라는 말이 더는 특별한 사람들의 이야기가 아니게 되었다. 물가는 계속 오르고, 고정 지출은 물가에 비례하듯이 늘어난다. 하나의 직업만으로는 미래를 보장하기 어렵다는 불안감이 커짐과 동시에 경제적 자유에 대한 갈망도 확장된다. 이런 배경 속에서 부가 수입은 선택이 아닌 생존의 한 전략으로 자리 잡고 있다. 이는 단순히 돈을 더 버는 것에 그치지 않는다. 자신의 가치를 스스로 증명하고 싶은 움직임이기도 하다. 더구나 시간과 장소의 제약 없이 개인의 역량과 관심사를 바탕으로 수익을 창출할 수 있는 환경이 점점 더 갖추어지고 있다. 과거보다 훨씬 많은 사람이 이 흐름에 뛰어들고 있다.

불과 몇 년 전만 해도 블로그, 티스토리 등 글쓰기와 이미지 중심의 콘텐츠가 사람들의 이목을 끌어당겼다. 그런데 이제는 글과 사진만으로는 사람들의 관심을 쉽게 끌지 못한다. 사람들은 영상으로 시선을 옮겼고, 그 중심에는 유튜브 쇼츠와 인스타그램 릴스 같은 숏폼^{Short-form} 콘텐츠가 있다.

이 플랫폼들은 단순히 재미있는 영상을 올리는 공간이 아니다. 이제는 브랜드를 만들고, 자신을 콘텐츠로 삼아 수익을 창출하는 강력한 마케팅 채널 역할을 한다. 짧은 영상은 빠른 소비를 유도하면서도 폭넓은 노출을 가능하게 해 준다. 그러한 과정을 알고리즘이 가능하게 만든다. 기존의 영상 플랫폼이 단순 구독자 수를 기반으로 콘텐츠를 확산시켰다면 숏폼 알고리즘은 사용자의 시청 시간과 반응이라는 매우 단순하고 직관적인 지표를 우선한다. 구독자가 적은 채널의 영상이라도 단 몇 초 만에 시청자의 눈길을 사로잡는 데 성공한다면 알고리즘은 그 영상을 수많은 사람에게 순식간에 퍼뜨려 준다.

이는 단순한 조회수를 넘어 특정 브래드로서의 '나'를 만들고 공동 구매, 제품 협찬, 유료 광고 등으로 수익을 올릴 수 있는 기반이 된다. 예를 들어 일상 속 육아 콘텐츠를 공유하던 사람이 특정 브랜드의 유아 용품을 협찬받고, 이어 본인의 이름을 내건 공동 구매를 진행하는 것이다. 핵심은 콘텐츠를 지속해서 생산하고 타깃으로 삼은 사용자와의 연결고리를 확장해 나간다. 이러한 과정이 가능한 이유는 플랫폼 알고리즘과 사용자 데이터가 좋아요, 댓글, 저장과 같은 행동을 세밀하고 정교하게 분석하여 더 많은 사용자에게 노출되도록 돕기 때문이다. 즉 자신이 콘텐츠를 잘 만들기만 하면 나머지는 플랫폼이 도와주는 시대가 된 것이다.

하지만 기회의 문이 넓어진 만큼 경쟁은 치열해졌다. 알고리즘의 선택을 받기 위해서는 꾸준하게 질 좋은 콘텐츠를 만들어야 한다는 압박감이 생길 수밖에 없다. 매일 아이디어를 짜내고, 촬영과 편집을 반복하는 '콘텐츠 캘린더'의 굴레는 꽤 고된 일이다. 만약 직장 생활과 병행하고 있다면 벅차기까지 할 것이다.

바로 여기서 AI의 힘이 발현된다. AI는 단순한 도구가 아닌 부가 수입을 원하는 사람들에게 날개를 달아 주는 강력한 파트너가 되었다. 이제는 글쓰기, 이미지 제작, 영상 편집 등 콘텐츠 제작의 전 과정에 AI를 활용할 수 있다. 이로써 우리는 창작의 본질에 더욱더 집중할 수 있게 된다.

AI 활용하여 부가 수입을 창출하기

먼저 모든 창작에 글쓰기는 기본과 같다. 사람들의 관심이 텍스트에서 영상으로 옮겨졌어도 핵심은 변하지 않는다. AI는 숏폼 영상의 시나리오를 짜는 게 가능하다. 예를 들어 생성형 AI 툴에 'MZ 세대를 위한 재테크 팁 3가지'라는 주제로 30초짜리 영상 대본을 써 달라고 요청하면 AI는 도입부의 시선 끌기부터 영상의 핵심 메시지, 깔끔한 마무리까지 짜임새 있는 스크립트를 순식간에 만들어 낸다. 이렇게 생성된 스크립트를 바탕으로 영상 AI를 활용하여 영상을 만들 수 있다.

또한 일상 경험을 글로 풀고 싶다면 AI는 전체 구조나 흐름을 잡아 줄 수 있다. 예를 들어 '4살 아이와 마트에 간 이야기'를 콘텐츠로 풀고 싶다면 어떤 장면을 중심으로 글을 쓰고, 어떤 어휘를 사용해야 사람들이 놀입할지를 AI가 제안할 수 있다. 이를 바탕으로 자신만의 스타일로 편집하거나 일부만 수정해도 사람들의 관심을 끌 좋은 글이 완성된다. 관련 주제의 블로그 포스팅을 꾸준히 확장하거나 여러 개의 글을 묶어 전자책으로 출판하여 수익 모델을 확장할 수 있다.

다음으로 이미지는 사람들의 시선을 사로잡는 옷과 같다. 아무리 내용이 좋아도 시각적으로 매력적이지 않으면 관심을 받지 못할 수 있다. 예전에는 일러스트레이터나 포토샵 같은 툴을 익히지 않으면 이미지를 만드는 데 꽤 어려움이 있었다. 이제는 원하는 느낌을 설명만 해도 AI가 알아서 만들어 준다. AI는 유튜브와 인스타그램을 채울 감성적인 이미지를 만드는 데 드는 시간과 비용을 획기적으로 줄여 준다. 예를 들어 '구름 한 점 없는 날씨에 야외 카페에 앉아서 커피를 마시며 책을 읽는 20대 여성의 뒷모습'과 같이 구체적인 내용으로 지시하면 저작권 걱정 없는 고품질 이미지를 몇 초 만에 얻을 수 있다. 이는 콘텐츠의 질을 높여 사람들의 관심을 끌게 만든다.

마지막으로 영상은 이 모든 것을 담아 내는 최종 그릇이다. 일반적으로 영상 편집은 많은 사람이 벽을 느끼는 영역이다. 하지만

AI 영상 편집 툴은 장면 전환, 자막 생성, 배경 음악 삽입까지 자동화해 준다. 최근에는 AI로 작성한 스크립트를 '텍스트 투 스피치 ^{TTS, Text-to-Speech}' 기능에 넣으면 전문 성우 못지않은 자연스러운 내레이션을 만들어 많은 사람의 관심을 끌어모은다. 과거에는 며칠이 걸렸을 영상 편집 과정이 이제는 짧은 시간 내에 가능해졌다.

특히 유튜브 쇼츠나 인스타그램 릴스처럼 짧은 영상은 편집이 간결하면서도 효과적이어야 한다. 이때 AI는 사용자 클릭 패턴과 시청 지속 시간을 분석해 어떤 장면이 가장 효과적인지를 추천할 수 있다. 이를 통해 다음에 영상을 만들 때 장면 배치, 자막, 핵심 메시지 등을 고민하게 하여 더 효과적인 콘텐츠를 생성할 수 있다. 이렇게 완성된 숏폼 영상은 알고리즘을 타고 부가 수입의 원천이 된다.

이미 준비는 다 되어 있다. 핵심은 '언제 시작하느냐'이다. 완벽한 기획, 능숙한 편집 기술, 탁월한 글쓰기 실력보다 더 중요한 것이 실행이다. AI는 우리가 그 실행을 두려워하지 않도록 도와주는 가장 강력한 동반자이다. AI를 믿고 꾸준히 콘텐츠를 생성한다면 머릿속에만 있던 부가 수입 창출의 기회가 곧 손에 쥐어질 것이다.

AI로 랜딩 페이지 만들기

사람들은 자신을 표현할 공간을 온라인에 두고 싶어 한다. 직장인은 포트폴리오를 정리하고, 대학생은 프로젝트나 과제 결과물을 공유하며, 주부는 직접 만든 음식이나 공예품을 소개한다. 이런 개인의 '작은 온라인 전시관'이 랜딩 페이지Landing Page이다. 랜딩 페이지는 고객이 광고나 외부 링크를 클릭했을 때 가장 먼저 마주하는 웹페이지를 말하며, 보는 사람의 관심을 단 몇 초만에 사로잡아야 한다. 그래서 기업뿐만 아니라 개인에게도 이제 랜딩 페이지는 선택이 아니라 필수가 되어 가고 있다.

랜딩 페이지를 만드는 방법은 여러 갈래가 있다. 블로그나 SNS를 활용해 별다른 비용을 들이지 않고 간단하게 진행할 수 있지만, 사람들의 마음을 끌어당기기에는 한계가 있다. 그렇다고 랜딩 페이지를 화려하게 만들기에는 코딩 지식이나 전문 디자이너의 도움이 필요했다.

하지만 이제는 AI를 활용해 이 두 방식의 장점을 잘 적용할 수 있다. 쉽고 빠르게 진행하면서도 퀄리티 높은 웹페이지를 만드는 것이다. 특히 프레이머Framer와 같은 노코드No-code 툴의 발전은 랜딩 페이지를 만드는 진입 장벽을 확연히 낮추게 한다.

프레이머는 원래 디자인과 프로토타이핑에 강점을 드러내는 툴이었지만 최근에는 강력한 AI 기능을 선보이면서 코딩 없이도 고품질의 랜딩 페이지를 만들 수 있게 돕는다. 프라이머의 이점은 크게 세 가지를 들 수 있다.

첫째, 프라이머는 텍스트, 이미지, 색상, 폰트, 레이아웃 등을 자유롭게 수정하고 배치하며 웹페이지를 커스터마이징할 수 있다. 프레이머는 드래그 앤 드롭 방식의 직관적인 인터페이스와 세부 사항을 제공하여 코딩 없이도 디자인을 쉽게 변경할 수 있도록 돕는다. AI가 제안한 디자인이 마음에 들지 않아도 사용자는 몇 번의 클릭만으로 다른 레이아웃이나 스타일을 적용해 볼 수 있다. 이는 개인 사업자의 시간과 비용을 절약하면서도 고품질의 랜딩 페이지를 만들고 관리할 수 있게 한다.

둘째, 프레이머는 반응형 디자인에 최적화 기능을 제공한다. 한 번 만든 랜딩 페이지가 PC, 태블릿, 모바일 등 다양한 기기 화면에 자동으로 맞춰진다. 사용자는 기기별 미리 보기를 통해 필요한 경우 세부적인 조정만 하면 된다. 결과적으로 하나의 디자인 작업으로도 여러 디바이스에 적합한 결과물을 확보할 수 있기에 1인 사업자에게 효율성을 제공하는 것이다.

셋째, 완성한 웹페이지를 바로 게시할 수 있다. 별도의 서버나 복잡한 절차 없이 클릭 한 번으로 제작한 페이지를 인터넷에 올릴 수 있다. 웹 개발 지식이 없는 사람도 쉽게 진행할 수 있으며 게시 후에도 수정하여 업데이트가 가능하다.

프레이머를 통한 랜딩 페이지 만들기

프레이머로 랜딩 페이지를 완성하려면 두 가지 방법을 사용할 수 있다. 한 가지는 챗GPT와 같은 생성형 AI를 활용해 웹페이지의 전체적인 뼈대를 잡은 후에 프레이머를 활용하는 것이고, 다른 한 가지는 프레이머의 능력을 직접적으로 활용하는 것이다. 전자의 방식은 전반적으로 페이지 구성에 대한 흐름이 나오지 않을 때 좋으며, 후자의 방식은 전반적인 틀이 머릿속에 있을 때 유리하다. 이번 글에서는 프레이머를 통한 랜딩 페이지를 직접 만드는 것으로 글을 이어 나가려 한다.

먼저 프레이머 홈페이지 https://framer.com/ 에서 회원가입을 진행하면 아래와 같은 페이지를 확인할 수 있다.

이 페이지를 바탕으로 본격적인 작업을 진행해 나갈 수 있다. 먼저 좌측 상단의 'Pages'에서 'New page'를 누르면 바로 디자인 작업을 시작할 수 있다. 이 첫 화면은 마치 파워포인트의 슬라이

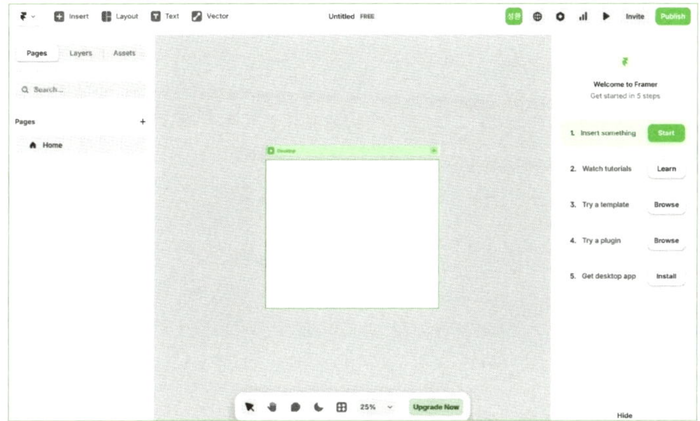

▲ 프레이머 홈페이지

드 작업 공간처럼 느껴질 수 있으며, 화면의 중앙 캔버스에 원하는 요소를 드래그하여 배치하는 식으로 구성된다.

우리는 Insert에 있는 'Wireframer(와이어프레이머)' 기능을 적극적으로 활용하려 한다. 이는 텍스트를 입력하면 그에 걸맞은 디자인 구성이 완성되는 AI 기능이다. 흰 화면 위에 버튼, 이미지 사이즈, 텍스트 자리를 잡아 주는 기능으로 디자인을 막 시작하는 사람에게 황금 동아줄과 같다.

이제는 와이어프레이머에 아래와 같은 프롬프트를 입력하면 된다. 그러면 1분 이내에 텍스트에 어울리는 레이아웃을 제안한다. 텍스트는 문장으로 서술하듯이 내용을 입력하면 되고, 디테일을 조금 더 살리고 싶다면 영어를 권장한다.

내 포트폴리오를 보여 줄 랜딩 페이지를 만들어 줘. 디지털 교육 강사로 2년 차야. 대학교, 공공 기관, 기업 등에서 강의를 하고 있어. 관련하여 별도의 자격증을 가지고 있으며, 충분히 전문성을 지니고 있다고 생각해. 2025년까지의 경력을 바탕으로 하되 2026년에 새로운 계획이 꼭 들어갔으면 좋겠어.

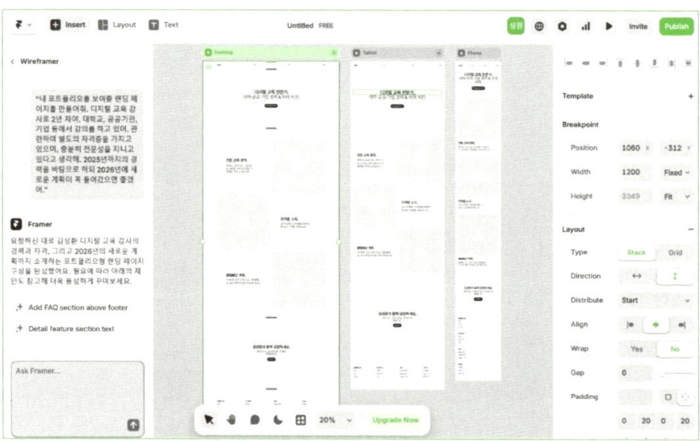

이번에는 조금 더 세밀한 내용을 넣어 보면 아래와 같은 이미지를 제공한다.

아이들을 위한 손 선풍기 제품 랜딩 페이지를 만들어 줘. 메인 헤드라인은 '자연이 주는 바람, 손에서 부는 바람'으로 하

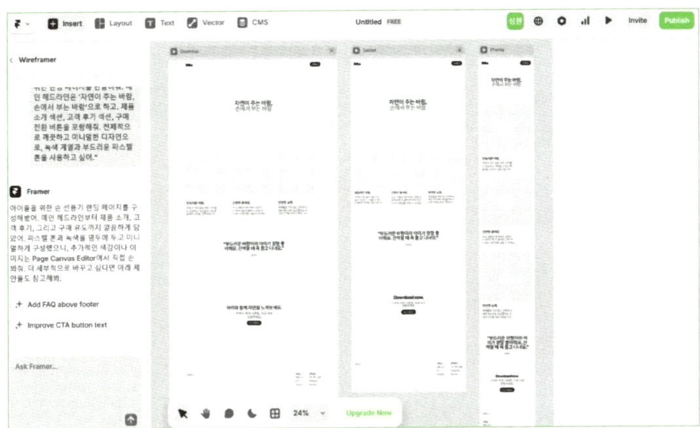

이처럼 프롬프트 입력이 끝나면 프레이머는 입력된 내용을 바탕으로 순식간에 페이지의 기본 구조와 디자인 방향을 제안한다. AI는 적절한 텍스트 블록, 이미지 자리 등을 페이지 곳곳에 배치하며, 구역별 적절한 레이아웃과 색을 제안할 수 있다. 사용자는 오른쪽 항목들을 클릭해가며 페이지를 완성해 나가면 된다. AI는 랜딩 페이지에 알맞은 추가 질문들을 이어 가면서 더 나은 랜딩 페이지를 만들어 갈 수 있다.

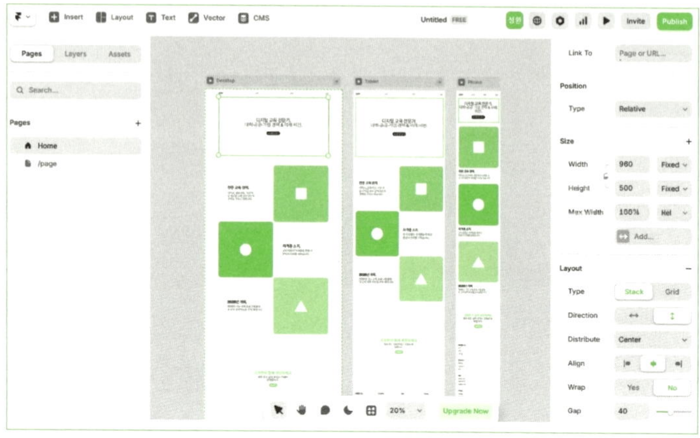

어느 정도 디자인이 완성되면 우측 상단 '재생 아이콘'을 눌러 실시간 미리 보기가 가능하다. 지금까지 구성한 화면을 실제 웹페이지처럼 체험해 볼 수 있다. 특히 데스크, 태블릿, 모바일 버전에 따른 레이아웃을 세밀하게 확인할 수 있다. 이러한 부분을 우측 상단 'Publish'를 통해 사용자나 다른 사람에게 공유할 수 있다. 이를 통해 개발자나 디자이너의 도움 없이도 자신만의 포트폴리오나 브랜드 사이트를 제작할 수 있다.

물론 프레이머가 만능이라고 말할 수는 없다. 이러한 기능을 적용하는 데는 일정 학습 시간이 필요하며 자신이 원하는 방향성을 찾아가는 데도 제약이 있을 수 있다. 게다가 일정 이상의 기능들을 사용하려면 유료로 활용하는 것도 필요하다.

프레이머 외에도 랜딩 페이지 디자인에 AI를 활용하는 방법은 다양하게 가능하다. 대표적으로 피그마Figma는 UI/UX 디자인 및

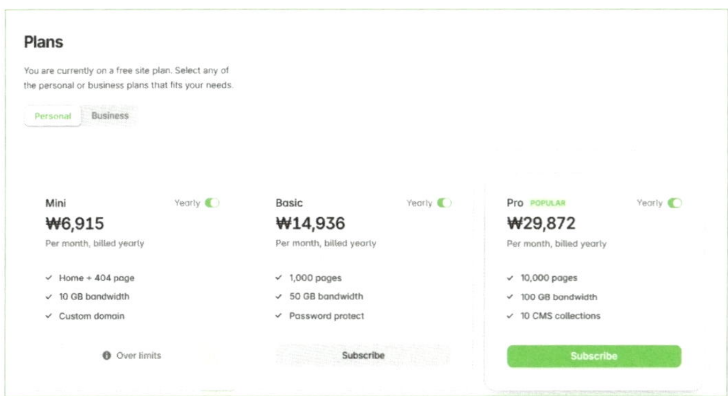

▲ 프레이머의 유료 결제 플랜

프로토타이핑을 위한 업계 표준 협업 툴이다. 피그마 자체는 프레이머처럼 웹사이트를 직접 만든다고 보긴 어렵지만 다양한 AI 플러그인을 통해 디자인 프로세스의 효율성을 높여 준다. AI 플러그인을 활용하면 텍스트 프롬프트로 디자인의 초안을 만들고 이미지 최적화를 도움받을 수 있다.

AI로 외국어 실력 점프하기

새로운 언어를 배운다는 것은 설레는 일이지만 그 과정이 녹록지는 않다. 열심히 단어장을 붙잡아도 며칠이 지나면 흥미가 사라지고, 문법책을 펼치면 머릿속이 복잡해진다. 말하는 과정은 더 복잡하다. 아무리 시뮬레이션을 그려도 실제로 입 밖으로 언어를 꺼내는 단계에 이르면 많은 사람이 머리를 부여잡고 좌절을 경험한다. 학원이나 교육업체를 이용하자니 비용이 부담스럽고, 원어민과 대화할 기회는 많지 않다. 집에서 독학하는 수많은 방법이 있지만 그것 또한 지속하기가 쉽지 않다. 하지만 AI 시대에 들어서면서 외국어 학습 방식은 변혁을 맞이했다. AI는 24시간 내내 대기하는 나만의 외국어 파트너가 된다. 다른 사람의 눈치를 볼 필요 없이 무한대로 연습할 수 있는 환경을 만들어 준다.

챗GPT로 외국어 능력 향상하기

챗GPT는 AI 언어 모델의 대표 주자이다. 챗GPT를 활용하면 다양한 방식을 통해 외국어 능력을 향상할 수 있다. 특히 데스크톱에서는 텍스트 기반으로, 모바일에서는 음성 기반으로 활용할 수 있다. 이는 학습자의 수준과 상황에 맞춰 체계적인 학습 로드맵을 설계할 수 있게 한다. 그러기 위해서는 몇 단계의 절차가 필요하다.

1단계는 텍스트로 익숙해지는 과정이다. 외국어 학습에서 가장 큰 문제는 '무엇을 해야 할지 모르겠다'라는 막막함이다. 그래서 가장 먼저 텍스트로 충분히 몸을 풀어야 한다. 마치 글로 쓰는 역할극 놀이처럼 특정 상황에 맞는 대화를 글로 주고받으며 문장 구조와 문법에 익숙해지는 과정이다. 이 단계에서는 문장의 세밀함을 논할 필요는 없다. 자신감 있게 해 나가는 게 중요하다. 해외에 갔을 때 렌터카를 빌려야 하는 상황을 가정해 보자. 챗GPT에 구체적인 역할을 부여하고 대화를 시작하면 된다. 대신 영어 문장을 쉽게 이해하지 못할 수 있으니 뒤에는 한글로 문장을 번역해 달라고 명시한다.

> 나: I'd like to rent a car.

> Great! Do you have a reservation? (잘 오셨어요! 예약하셨나요?)

나 No. I want a small car.

🤖 I understand. A small car would be a good choice. (이해했
어요. 작은 차는 좋은 선택이에요.)

아주 짧은 양의 대화를 진행하다 보면 단어나 문법적 오류가 최
소화되면서 자신감을 부여받게 된다. 챗GPT와 역할을 바꿔 가며
다양한 상황을 마주하여 글로써 대화를 시도하면 된다. 다시 한번
말하지만 이때 문법적 오류는 크게 중요하지 않다. 자신 있게 자
기 의사를 꺼냄과 동시에 상대의 말을 이해하는 과정이 중요하다.
이렇게 가상의 상황극을 꾸준히 하면 자신감과 기본적인 영어 글
쓰기 실력을 높일 수 있다.

2단계는 문법과 문장 교정 훈련이다. 1단계에서 어느 정도 자
신감을 부여했다면 그 자신감을 바탕으로 세밀하게 대화를 조정
하는 과정을 거치면 된다. 챗GPT에 역할을 제공할 때 "내가 잘못
된 문장을 쓰면 바로 고쳐 주고 왜 틀렸는지 쉽게 설명해 줘"라는
내용만 덧붙이면 된다. 그렇게 하면 챗GPT는 마지막 문장에 코
멘트를 더해 문장을 수정하거나 혹은 다른 방향으로 제시하는 등
추가 내용을 덧붙일 수 있다.

나 I'd like to rent a car.

 Chapter 4 일상을 위한 AI 활용

Great! Do you have a reservation? (잘 오셨어요! 예약하셨나요?)

나 No. I want a small car.

I understand. A small car would be a good choice. (이해 했어요. 작은 차는 좋은 선택이에요.) When you say "I want," it can sound a little direct. A more polite way to say it would be "I'd like to reserve a small car" or "Do you have a small car available?" ("I want"라고 하면 조금 직설적으로 들릴 수 있어요. "I'd like to reserve a small car"나 "Do you have a small car available?"이 더 정중한 표현이에요.)

이렇게 되면 영어 문법책에서 억지로 문장을 외우는 것이 아니라 실제 자신의 말이나 글 속에서 규칙을 배우게 된다. 이 과정은 학습자가 스스로 오류를 체감하게 만들어서 오랫동안 기억에 남게 한다. 특히 한국어와 영어의 문장 구조 차이를 AI가 짚어 주면 단순한 암기가 아닌 이해 기반의 학습이 가능해진다. 이때 문장을 적어가며 쓰기 연습을 하는 것도 많은 도움이 된다. 대신 단순히 적는 데 집중하기보다는 AI가 알려 준 문장을 스스로 인지하면서 써 보는 것이다. 반복해서 손으로 쓰거나 키보드로 타이핑하면 그 표현이 자기 언어 습관으로 자연스럽게 들어올 수 있다. 이 과정 은 '언어적 근육'을 길러 주는 훈련과 같다.

3단계는 섀도잉과 발음 교정이다. 글쓰기와 문법 교정이 익숙해졌다면 이제는 실전에 나갈 차례다. AI가 제공한 문장을 눈으로 읽은 뒤 그대로 따라 말하는 섀도 스피킹을 해 보는 것이다. 미국 드라마에서 배우들이 말하는 대사를 직접 하는 영어 학습 방식과 결을 같이 한다. 이때 중요한 것은 속도보다는 억양과 리듬을 익히는 것이다. 영어의 억양은 한국어와 매우 달라서 이 부분을 훈련하지 않으면 아무리 단어를 많이 알아도 어색하게 들릴 수 있다.

챗GPT는 발음을 직접 평가하기는 어렵지만 발음을 음성으로 다시 입력하면 AI가 의미를 제대로 이해했는지 확인할 수 있다. 만약 사용자의 발음이 부정확해서 AI가 잘못 알아들으면 그 자체에 피드백이 이어진다. 이렇게 점차 '텍스트-발화-피드백'의 사이클을 순환하면 자신감이 급격히 상승하게 된다.

만약 특정 주제에 대해 말하기 연습을 하고 싶다면 기본적인 정보를 제공하고 챗GPT에 대본을 요청할 수 있다. 예를 들어 "내일 회사에서 발표할 3분짜리 자기소개 스크립트를 영어로 작성해 줘. 간결하고 자신감 있는 투로 부탁해"라고 요청하면 AI는 발표 대본을 작성해 준다. 사용자는 이 스크립트를 소리 내어 읽고 발음을 스스로 교정하며 섀도잉 연습을 할 수 있다.

4단계는 실전으로 대화하기다. 이 단계부터는 음성 대화를 사용하는 만큼 모바일을 활용하면 좋다. 마치 전화 영어처럼 AI와 직접 대화하며 실력을 점검하는 것이다. 이때 대화 대상으로 대화

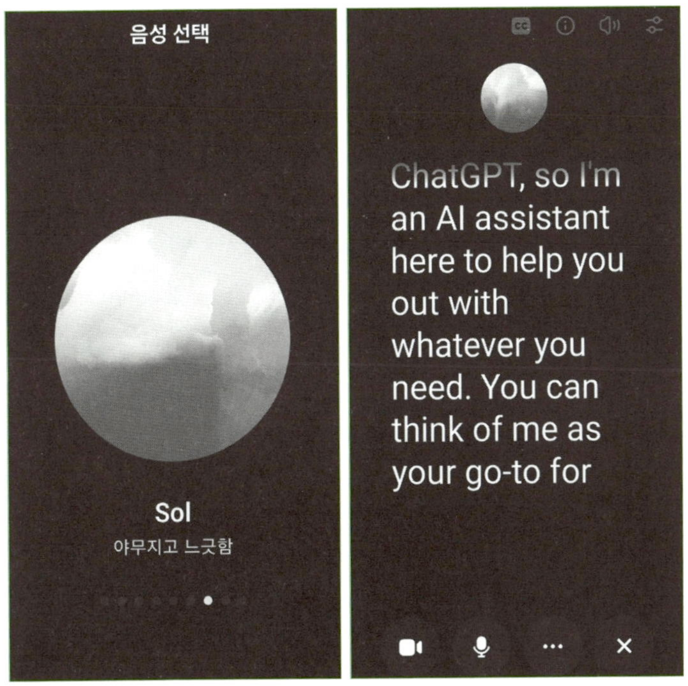

하는 스타일의 유형을 선택할 수 있다. 개방적이고 즐거움, 야무지고 느긋함, 차분하고 긍정적, 밝고 솔직함, 자신 있고 낙관적 등 AI 캐릭터의 성향도 다양하다. 이러한 성향과 상관 없이 이들의 이해심은 태평양 바다와 같다. 문장이 틀리고 발음이 이상하다고 해서 이들은 절대 화를 내지도, 짜증을 내지도 않는다. 우리는 자신감 있게 대화를 진행하면 된다.

가장 중요한 것은 '틀리더라도 끝까지 말해 보는 경험'을 하는 것이다. 대화하면서 발음, 억양, 문법, 단어 활용 등 다양하게 피드백을 요청할 수 있다. 예를 들어, schedule이라는 단어를 "스케줄"로 발음했다면 AI는 "sh" 발음이 더 자연스럽다고 피드백해 준다. 이는 혼자서도 정확한 발음을 익히는 데 큰 도움이 된다. 만약 AI의 스크립트를 보고 싶다면 모바일 우측 상단에 'CC' 마크를 체크하면 된다. 실시간으로 문장을 보면서 이해도를 높일 수 있다. 또한 AI와 대화했던 내용은 텍스트로도 볼 수 있기에 스스로 문장 복습이 가능하다. 이 과정까지 오면 학습자는 실제 대화에 필요한 순발력과 사고의 전환 속도를 기를 수 있다. 결국 외국어 실력은 머릿속이 아니라 입과 귀에서 길러지는 것이기 때문이다.

챗GPT 외에도 외국어 실력을 향상하는 데 도움을 주는 다양한 AI 툴이 있다. 스픽Speak는 실제 원어민과 대화하듯 발음과 억양을 교정해 준다. 디플Deepl은 고품질의 자연스러운 번역으로 유명하다. 문장 전체의 뉘앙스를 파악하는 데 효과적이며, 긴 글의 초안을 작성한 후 자연스러운 표현으로 다듬는 데 활용할 수 있다. 여러 툴을 상황에 맞게 조합하면 학습 효율이 증대할 수 있다.

AI 덕분에 외국어 학습은 더는 어렵고 지루한 과정이 아니게 되었다. AI는 24시간 언제든 열려 있는 연습 공간이다. 이제 우리는 AI를 활용해 부담 없이 반복적인 연습을 할 수 있다. 자신도 모르게 늘어난 외국어 실력을 곧 마주하게 될 것이다.

AI로 커뮤니케이션 스킬 확장하기

우리의 일상은 수많은 소통으로 이루어진다. 친구와의 가벼운 대화, 조직에서는 직장 동료와의 대화, 중요한 회의나 미팅 자리에서의 대화까지. 그런데 대화의 틀만큼이나 중요한 것이 바로 '어떻게 말하는가'이다. 상대방의 기분을 상하게 하지 않으면서도 자신이 전하고자 하는 메시지가 선명하게 전달되는지가 중요하다. 그러나 이러한 행위가 누군가에게는 정말 어려운 일일 수 있다. 상대와 말하는 것도, 대화를 끌고 가는 것도, 자신이 하고 싶은 말을 하는 것도 어려운 것이다. 그렇다면 이러한 사람들은 그저 듣기만 하거나, 대화를 피해야만 하는 것일까? 이제는 AI가 우리의 커뮤니케이션 역량을 확장하는 데 도움을 줄 것이다. AI는 대화의 맥락과 감정까지 이해하며 소통의 질을 한 단계 끌어올리는 데 큰 역할을 할 것이다. 물론 이는 커뮤니케이션 역량이 부족한 사람뿐만 아니라 커뮤니케이션 역량이 뛰어난 사람에게도 해당한다.

챗GPT로 커뮤니케이션 스킬 확장하기

앞서 외국어 역량을 향상시킨 챗GPT를 다시 한번 사용해 보려 한다. 챗GPT를 통해 우리가 미처 생각하지 못했던 다양한 상황을 연습하고 섬세한 소통 기술을 익혀 나갈 수 있다.

이에 앞서 한 가지 짚고 넘어가야 할 부분은 지금의 이 과정이 앞서 언급한 외국어 영역과는 결이 다르다는 것이다. 왜냐하면 외국어는 모국어가 아닌 만큼 처음부터 배워 나가야 하는 사람이 존재한다. 어린 시절부터 영어를 배웠다고 해도 언어 자체에 자신감이 부족할 수밖에 없다. 그러나 한국어는 모국어인 만큼 언어에 자신감이 부족하다기보다는 대화하는 행위 혹은 대화를 끌고 가는 행위에 어려움을 느낀다. 즉 적어도 '언어'라는 영역에서 어려움을 느끼지 않는 만큼 외국어 스킬보다는 상대적으로 편하게 접근할 수 있다.

AI를 활용해 커뮤니케이션 스킬을 확장하는 데는 몇 가지 단계가 있다.

1단계는 글로 접근하는 것이다. 말은 글에 소리를 붙이는 행위이다. 즉 소리에 익숙하지 않은 사람이나 말에 핵심이 없는 사람들에게는 꼭 필요하다. 특히 시대가 변하고 SNS가 발달하면서 대화가 말이 아닌 글로써 이루어지는 경우가 점점 늘어나고 있다. 특히 젊은 층은 전화보다 문자가 편한 세대로 말보다 텍스트에 익숙한 만큼 많은 도움이 될 수 있다.

생각이 글로 정리되지 않은 상태에서 말하려 들면 두서없이 흘러간다. 챗GPT를 활용하면 머릿속에서 어지럽게 흩어진 생각을 구조화하는 훈련이 가능하다. 예를 들어 친구와 다툼이 있는 경우라고 살펴보자.

이와 같은 질문을 하면 챗GPT는 아래와 같은 형태로 답을 한다.

친구와의 관계를 회복하려면 먼저 진심 어린 사과가 필요하다. 그다음에는 서로의 입장을 솔직히 공유하며 오해를 풀어야 한다. 마지막으로 다시 함께할 수 있는 작은 활동이나 약속을 만들어 보자.

"○○아, 지난번엔 내가 좀 심했어. 사실 네 입장도 충분히 이해돼. 우리 그냥 이번 주말에 재밌는 거 하면서 털어 버리자. 그러면 예전처럼 다시 웃을 수 있을 것 같아."

(ENTP는 활발하고 에너지 넘치며 즉흥적인 성격에 맞춰 표현이 훨씬 가볍고, 대화체가 살아난 것을 볼 수 있다.)

"지난번에 내가 너에게 상처를 줬던 것 같아 정말 미안해. 네가 얼마나 소중한 친구인지 알기에 내 진심이 잘 전달되기를 바래. 우리 다시 마음을 열고 천천히 예전처럼 따뜻하게 지낼 수 있으면 좋겠어."

(INFP는 관계에서 자신을 진심으로 이해해 주는지를 중요하게 여기기 때문에 말투가 훨씬 차분하고 마음을 어루만지는 형태로 바뀔 필요가 있다.)

이러한 과정을 반복하다 보면 같은 내용도 맥락과 대상에 맞게 변형할 능력이 생길 수 있다. 조건은 다양하게 변경할 수 있으며, 자신이 미리 답변을 적은 다음에 챗GPT의 답과 비교하며 살펴보는 것도 좋다. 이러한 과정을 통해 단순히 문법의 영역을 떠나서 '누구에게 어떻게 들려야 하는지'를 고민하는 힘을 기를 수 있는 것이다.

2단계는 페르소나 연습실에서 역할극을 하는 것이다. 이 과정을 각자의 성향에 따라 1단계처럼 글로 진행해도 되고, 어플을 활용해 말로 진행해도 된다. 챗GPT를 활용한 커뮤니케이션 연습을 할 때 특정 인물의 '페르소나'를 주는 것에서부터 시작한다. 예를 들면 아래와 같다.

너는 면접관이고 나는 지원자야. 지금은 석양이 저물고 있고 면접관들은 면접 시간으로 인해 조금 지쳐 있는 상태야. 너는 나에게 "당신이 회사에서 꿈꾸는 이상은 무엇인가요?"라고 물었을 때 내 대답에 대해서 냉철하게 피드백을 해 줘. 그리고 더 나은 표현이 있다면 알려 줘.

너는 중2 남자아이야. 지금 사춘기를 열심히 겪고 있어. 시험 준비를 열심히 했지만 생각보다 좋은 점수를 받지 못했고, 나 또한 그 결과가 만족스럽지가 않아. 나는 아버지로서 아들에게 몇 마디를 할 예정이야. 내 말에 대한 피드백을 해 줘.

너는 고2 여자아이의 학부모야. 학부모의 아이가 얼마 전에 시험을 쳤는데 생각보다 괜찮은 점수가 나왔어. 그런데 학부모는 그 결과가 생각보다 만족스럽지 않은 상태야. 학부모는 학원 원장인 나에게 전화를 해서 아이의 성적과 학습 태도에 대해서 묻기 시작해. 이와 관련해서 답을 할 테니 학부모로서 피드백을 해 줘. 그리고 더 나은 표현이 있다면 알려 줘.

 Chapter 4 일상을 위한 AI 활용

같은 내용이라도 누구에게 전달하느냐에 따라 단어, 표현, 톤 등이 달라져야 한다. 챗GPT에 페르소나를 부여함으로써 메시지의 목적과 대상에 따라 적절한 억양과 어투를 제안받을 수 있다. 이러한 연습은 실제 상황에 부딪히기 전에 감정을 점검하고 정신력을 부여잡을 수 있는 리허설이 된다. 인간은 이미 경험해 본 상황에 조금 더 유연하고 안정적으로 대처할 수 있다. AI를 통한 역할극은 실전 경험을 미리 쌓는 효과를 줘 긴장을 줄이고 문제해결 능력을 높여 준다. 이때 중요한 것은 한 번의 시뮬레이션으로 끝내지 않는 것이다. 커뮤니케이션 스킬은 단숨에 늘지 않는다.

3단계는 상대방의 감정을 이해하려 노력하는 것이다. 효과적인 커뮤니케이션은 기술만으로 완성되지 않는다. 상대방의 감정을 헤아리고, 메시지를 어떻게 받아들일지 예측하는 능력이 필수이다. 실제로 많은 사람이 자신의 감정을 추스르지 못하고 대화를 시도하다가 후회하는 경험을 한다. 그럴 때는 자신의 감정도 주체가 되지 않지만, 상대방의 감정을 이해할 준비조차 잘되지 않는다. 챗GPT는 인간의 감정을 객관적인 시각으로 전환하여 글과 말을 다듬어 주는 역할을 할 수 있다. AI에 상대방의 반응을 시뮬레이션 하도록 상황을 제시하면 사용자는 자기표현이 상대에게 미칠 감정적 효과를 미리 점검할 수 있다. 이 과정은 감정을 해치지 않으면서도 건설적인 해결책들을 손에 쥘 수 있게 한다. 이는 커뮤니케이션 역량뿐 아니라 공감 능력 자체를 확장하는 훈련이 될 수 있다.

챗GPT 외에도 우리의 의사소통 능력을 돕는 다양한 AI 툴이 있다. 그래머리Grammarly는 문법, 철자 교정뿐만 아니라 문장의 톤을 분석하고 제안해 주는 기능이 탁월하다. 스픽Speak은 모바일 기반의 발음 교정과 회화 훈련을 지원해 실제 대화 능력을 키워 준다. AI와 끊임없이 말하며 논리적인 말하기를 연습할 수 있다. 또한 노션Notion은 회의록이나 아이디어 정리를 매끄럽게 도와 팀 단위 커뮤니케이션 효율을 끌어올린다.

글로 메시지를 다듬고 상황극 훈련을 하며 공감 능력까지 키우는 과정은 혼자서는 해내기 쉽지 않은 훈련이다. 그러나 AI와 함께라면 충분히 해낼 수 있다. 중요한 것은 AI의 답을 단순히 받아들이는 데 그쳐서는 안 된다. AI의 답에 끊임없이 되묻고 변형하며 대화를 확장해 나가야 한다. 우리는 어떤 상황에서도 자신감 있고 효과적으로 자신의 생각을 전달할 수 있게 될 것이다.

AI로 글쓰기가
쉬워지는 마법

지금은 바야흐로 숏폼 영상의 시대다. 한 손에 들린 스마트폰으로 수많은 영상 콘텐츠가 쏟아져 나온다. 사람들의 관심이 텍스트에서 영상으로 옮겨 간 것은 분명한 사실이다. 그러나 영상의 시대에도 글쓰기의 중요성은 결코 변하지 않는다. 시나리오, 블로그 포스팅, 자기소개서, 보고서, 심지어 짧은 메시지 하나까지 모든 소통의 시작은 결국 글이기 때문이다. 글쓰기는 우리의 생각을 명확하게 정리하고 타인과 깊이 있게 연결하게 도와준다.

그런데 많은 사람이 글쓰기를 어려워한다. 무엇을 써야 할지, 어떻게 시작해야 할지, 내용을 어떻게 구성해야 할지, 어떻게 하면 다른 사람의 관심을 끌 글을 쓸 수 있을지 등 수많은 고민이 꼬리에 꼬리를 문다. 빈 화면 앞에서 첫 문장이 나오지 않는 순간을 경험해 본 사람은 이 고민의 깊이를 더욱더 잘 알 것이다. 그럴 때 AI는 우리에게 손을 내밀어 준다.

글쓰기를 어렵게 만드는 부분을 먼저 확인해 보자. 글쓰기가 어려운 데는 수십 가지 이유가 있지만, 가장 큰 이유는 수많은 생각의 잔재들을 어떻게 논리적이고 유기적으로 연결해야 할지 잘 모르기 때문이다. 게다가 우리가 사용하는 어휘와 표현은 한정적이다 보니 똑같은 문장을 반복하거나 어색한 문장으로 글의 질을 떨어뜨리게 된다. 이때 AI는 빈 화면에 아이디어를 채워 주고, 산만한 생각에 논리적인 구조를 제공하며 어색한 표현을 더 자연스럽게 다듬어 줄 수 있다. 우리는 글쓰기의 고통에서 벗어나 생각의 기반과 창의적인 아이디어에 더욱 집중할 수 있게 된다.

제미나이로 글쓰기 능력 확장하기

글쓰기를 할 수 있는 수많은 툴 중에 제미나이를 선택한 이유는 글의 초안 작성부터 시작해 문장 교정, 다양한 스타일 제안까지 글쓰기의 모든 과정을 돕기 때문이다. 또한 글쓰기를 하면서 첨부할 신뢰도가 높은 배경지식을 빠르게 반영할 수 있다.

특히 토큰 제한이 다른 툴에 비해 넉넉하다는 특별한 강점이 있다. 토큰은 AI가 언어를 처리하는 단위로 쉽게 말해 글자나 단어를 의미한다. 토큰 제한이 크다는 것은 한 번에 더 많은 양의 글을 입력하고 출력할 수 있다는 뜻이다. 이는 긴 글을 매끄럽게 이어

갈 수 있다는 아주 큰 이점이 있다. 보고서, 자기소개서, 논문, 책 원고, SNS, 소설 등 글의 갈래에 해당하는 톤을 유지하면서 수천 자 분량의 원고를 자연스럽게 이어 갈 수 있다는 점이 다른 툴과의 차별성이다.

글쓰기를 시작하려면 '무엇을 쓸 것인지'에 대한 생각의 고리가 필요하다. 제미나이는 이 시작을 위한 훌륭한 브레인스토밍 도구가 된다. 예를 들어 '4살 아이와 도시에서 가장 큰 마트에 간 이야기'를 콘텐츠용 글로 쓰고 싶다면 제미나이에 "이 주제로 사람들의 관심을 끌 수 있는 흥미로운 흐름으로 구성해 줘"라고 요청하면 된다. 그러면 AI는 아이의 엉뚱한 행동을 중심으로 글의 핵심 포인트를 제안할 것이다. 완성된 글을 원하지 않는다면 마인드맵, 스타버스팅, 롤 스토밍 등 브레인스토밍을 끌어올 수많은 재료를 요청할 수 있다.

조금 더 세밀하게 들어가 보자. 일반적으로 많이 쓰는 SNS용 콘텐츠 글을 쓴다고 가정하고 제미나이에 상황을 제시한다.

이때 좋지 못한 제시어는 '인천 카페에 대한 SNS 글을 써 줘'이다. 이렇게만 제시하면 단순히 인천의 유명한 관광지나 일반적인 카페를 나열하는 특색 없는 글이 생성될 확률이 높다. 이 상황을 개선하고자 하는 데 큰 도움이 되지 않는다. 그렇다면 조금 더 세밀하게 내용을 제시하면 좋다.

너는 인천 송도에서 작은 오션뷰 카페를 운영하는 사장이야. 여름 휴가 시즌에 인천을 처음 방문하는 20~30대 여행객을 타깃으로 SNS용 콘텐츠 글을 쓰려고 해. '인천 현지인만 아는 진짜 오션뷰 카페'라는 주제로 글을 쓰려 해. 독자의 흥미를 끌 만한 구체적인 목차와 각 목차에 들어갈 핵심 내용을 제안해 줘.

이처럼 세부적으로 내용을 제시하면 더 매력적인 글을 제안받을 수 있다. 여기에서 조금 더 깊이 들어갈 수도 있다. 예를 들어 사용자가 서론, 본론, 결론에 해당하는 핵심 내용을 전달하는 것이다. 예를 들면 아래와 같다.

서론은 우리나라의 진정한 서해안(혹은 인천의 진짜 오션뷰)을 보고 싶은 사람을 타깃 독자로 삼아서 호기심을 자극하는 질문으로 시작한다.

본론은 단순히 메뉴만 나열하지 말고 카페에서 경험할 수 있는 특별한 순간(해질녘 통창으로 보이는 불빛, 시그니처 음료와 바다 소리의 조화 등)을 감성적으로 묘사한다.

결론은 카페의 위치와 기타 이점을 간단히 요약한 '나만의 비밀 지도' 컨셉으로 마무리한다.

추가로 원고에 해당하는 주요 키워드는 현지인, 바다, 커피, 비밀(시크릿), 오션뷰 등을 잡는다.

이렇게 하면 제미나이는 단순 정보 나열이 아닌, 실제 자신의 자리에 도움이 되는 독창적이고 설득력 있는 글의 완벽한 설계도를 제공한다. 사용자는 그 글을 보고 뼈대에 살을 붙이기만 하면 된다. 만약 긴 글이 아닌 카피라이터 형식의 글을 원한다고 해도 절차는 크게 달라지지 않는다. 결과물의 분량을 어떻게 제시하느냐에 따라 제미나이는 그에 따른 결과물을 제공할 것이다.

만약에 이처럼 콘텐츠용 글이 아닌 글을 쓰고 싶을 경우에는 처음에 제시 형태를 다르게 잡아 주면 된다. 예를 들면 아래와 같다.

내가 겪은 가족 여행기를 3천 자 분량의 에세이로 써 줘. 관련 내용은 블로그에 자유롭게 남겨 놨으니 첨부한 주소를 확인하면 돼. 감성적이면서도 감정이 과하지 않게 해 줘. 대화체를 섞어 주면 좋을 것 같아.

이 자료를 신문 칼럼 형식으로 변환해 줘. 도입부에는 독자의 시선을 붙잡을 만한 문장을 추가하되 최근에 일어난 사회적 이슈를 잘 연결해 줘.

이 글을 5문단으로 요약 정리해 줘. 대신 각 문단의 시작 방식이 같지 않게 해 줘.

이 이미지를 상징할 수 있는 한 문장의 카피라이팅을 해 줘. 그러한 이유도 같이 나열해 줘.

SF 소설의 전반적인 시나리오를 완성해 줘. 유명 고전부터 최근 인기 있는 작품을 참고하여 인물의 특성을 잡고 중요 사건을 잘 연결해 줘. 나중에 엄청난 반전이 있으면 좋겠어.

최근 AI 트렌드에 대한 발표용 보고서 한 편 쓸 거야. 서론, 본론, 결론으로 나누어 목차를 구성하고 각 목차에 들어갈 핵심 내용을 요약해 줘. 신뢰도 있는 데이터를 바탕으로 논리적인 글이 완성되어야 해.

대표적으로 마지막 제시 형태에 대한 제미나이의 답은 아래와 같다.

 **주제: 최근 AI 트렌드에 대한 발표용 보고서 구성**

서론: AI 기술의 급속한 확산과 사회적 변화

- AI 기술이 경제·산업·사회 전반에 중심 기술로 부상하고 있다는 맥락 제시.

  예 생성형 AI의 등장은 정보 검색, 업무 자동화, 콘텐츠 제작 등 다양한 분야에서 과거와 비교할 수 없을 정도의 변화를 만들고 있음.

- 글로벌 기업과 정부가 AI 전략을 국가·기업 경쟁력의 핵심으로 삼고 있다는 사실 제시.

  예 미국, EU, 중국은 AI 규제·투자를 강화하며 기술 주도권 경쟁 중.

- 보고서의 목적 제안: 빠르게 변하는 AI 흐름을 이해하고 향후 활용 방향을 모색하는 것이 목표임.

본론: 최근 AI 트렌드 핵심 분석

1) 생성형 AI(Generative AI)의 고도화

- Gemini, GPT-4o, Claude 등 다중모달(Multimodal) 모델의 성장.

- 텍스트뿐 아니라 이미지, 음성, 영상까지 처리하며 산업 전반 활용도 확대.

‐ 콘텐츠 제작·프로토타입 생성·고객 응대·교육 등 자동화 영역 확장.

2) 기업 운영 자동화의 가속화

‐ RPA + AI 기반 자동화로 사무직 업무의 상당 부분이 재설계되는 중.

‐ 맥킨지 보고서(2024)에 따르면 사무 업무의 약 30~45%가 자동화 가능 영역으로 분류.

‐ 마이크로소프트 365 Copilot, 구글 워크스페이스 AI, 노코드 자동화 도구의 대중화.

3) AI 윤리·규제 강화

‐ EU AI Act(2024) 통과 → 최초의 포괄적 AI 규제 법안.

‐ 개인정보·저작권·AI 할루시네이션·책임 소재에 대한 기준 필요성 증가.

‐ 기업의 AI 거버넌스 구축 필수 과제로 부상.

4) AI 기반 맞춤형 서비스의 확산

‐ 넷플릭스·아마존·스타벅스 등 주요 기업에서 초개인화 전략 강화.

‐ 고객 데이터를 기반으로 한 맞춤 추천·가격 책정·수요 예측의 정교화.

‐ 개인 비즈니스에서도 마케팅 자동화·고객 대응 챗봇 활용 증가.

> **결론: AI 시대의 기회와 전략적 대응 방향**
>
> - AI는 선택이 아닌 필수 역량이며, 기업과 개인 모두 AI 이해도와 활용 능력을 갖춰야 경쟁력이 생김.
> - 기술을 무조건적으로 받아들이기보다 AI 활용 전략, 윤리 기준, 데이터 관리 체계가 함께 마련되어야 함.
> - 단기적으로는 생산성 향상, 장기적으로는 새로운 비즈니스 모델 창출까지 이어질 가능성이 큼.
> - 발표 보고서의 방향은 트렌드 분석 → 영향 평가 → 활용 전략 제안의 흐름으로 구성하는 것이 효과적임.

이처럼 간단한 제시만으로도 제미나이는 꽤 괜찮은 글을 완성해 준다. 물론 세밀한 정보가 많을수록 더 풍성한 글이 완성된다. 사용자는 그 글을 참고하여 글을 다듬어 가도 되고, 또 다른 아이디어를 창출하여 새로운 글로 이어질 수도 있다.

그렇다고 해서 제미나이가 글을 새롭게 창조하지만은 않는다. 제미나이는 정교한 편집자 역할을 할 수 있다. 제미나이는 우리가 쓴 글을 더 자연스럽고 매력적인 문체로 다듬어 준다. 단순히 오탈자를 찾는 것에서 끝나지 않고 '이 글을 친근하고 유머러스한 문체로'와 같은 형태로 요청하면 AI는 딱딱한 문장을 부드럽게 바꾸고 재치 있는 표현을 추가한다. 사용자는 그 문체를 보고 바로 자신의 글에 적용해도 되고, 그 글을 비판적으로 바라보며 더 나은 문체가 나올 때까지 수정을 요청해도 된다. 10년 이상의 경력을 가진 편집자의 역할을 하는 AI가 자신의 글을 봐준다는 것은 축복에 가까운 일일 것이다. AI를 활용한 글쓰기는 생각보다 다양하게 활용될 수 있다. 시를 짓거나, 연설문을 작성하거나, 노래 가사를 지을 때는 물론, 생각보다 고민거리인 건배사를 만들어 낼 때도 사용할 수 있다.

제미나이 외에도 글쓰기를 돕는 다양한 AI 툴이 있다. 챗GPT는 제미나이만큼이나 좋은 글을 전달할 수 있다. 특히 추론에서 좋은 글을 생성해 준다. 퀼봇Quillbot은 문장 재구성에 특화되었으면 같은 의미의 문장을 다양한 스타일과 어휘로 바꿔 줄 수 있다. 업스테이지Upstage는 한국어 문서 작업에 특화되어 있으며 논리적 구조화나 학술적 글쓰기를 준비하는 사람들에게 유리하다.

AI는 글을 대신 써 주는 존재가 아니다. 우리가 글을 쓰는 길 위에서 장애물을 치워 주고 함께 걸어갈 수 있게 도와주는 안내자에 가깝다. 제미나이와 챗GPT 같은 AI 파트너와 함께라면 초안 작성에 들이던 부담을 크게 줄일 수 있다. AI가 만들어 준 글을 기반으로 글 쓰는 사람이 자신의 취향과 관점을 더해 최종 형태를 완성해 갈 것이다. 이는 어느 순간 '힘든 작업'이 아니라 훨씬 가볍고 즐거운 경험으로 바뀔 것이다.

AI로 이미지와 가까워지기

불과 몇 년 전만 해도 멋진 이미지나 디자인 콘텐츠를 만들기 위해 비싸고 복잡한 디자인 소프트웨어를 배우거나 전문 디자이너에게 요청하는 수밖에 없었다. 그렇다고 PPT나 워드로 작업하기에는 퀄리티가 만족스럽지 못했다. 그런데 이미지 AI 툴이 하나둘씩 등장하면서 많은 것이 바뀌기 시작했다. 디자인을 모르는 사람도 꽤 괜찮은 포스터를 완성했고, 사진 보정을 잘못하는 사람도 멋진 이미지를 완성할 수 있었다.

특히 캔바Canva는 디자인을 아예 모르는 사람도 몇 번의 클릭과 드래그만으로 전문가 수준의 비주얼 콘텐츠를 손쉽게 제작할 수 있게 했다. 캔바는 웹 기반의 직관적인 인터페이스와 수많은 템플릿을 제공하여 누구나 쉽게 디자인 작업을 시작하도록 돕는다. 게

다가 캔바에 통합된 다양한 AI 기능들은 콘텐츠 제작 속도를 단축하고 디자인의 퀄리티를 한층 끌어올렸다. 이는 1인 사업자뿐만 아니라 일상에도 다양한 영향을 미쳤다. 마치 개인 디자인 팀을 갖게 된 것과 같았다.

캔바의 주된 특징은 몇 가지가 있다.

첫째. 놀라울 정도로 사용하기 좋은 편의성을 지니고 있다. 복잡한 메뉴와 전문용어를 쓰지 않고 누구나 쉽게 이해하고 사용할 수 있는 직관적인 인터페이스를 제공한다. 마우스로 원본 파일을 선택 후에 손을 떼지 않고 드래그해서 붙여 넣기 하는 곳에 마우스 손을 떼는 '드래그 앤드 드롭 방식'으로 요소를 배치하고 텍스트를 입력하는 것만으로도 멋진 결과물을 만들 수 있다.

둘째, 풍부하고 다양한 템플릿을 보유한다. 소셜 미디어 게시물, 프레젠테이션 자료, 로고, 포스터, 명함, 초대장 등 수십만 개의 전문적인 템플릿을 무료 또는 저렴한 비용으로 이용할 수 있다. 디자인 감각이 부족한 사람일지라도 템플릿을 기반으로 자신만의 개성을 담아 쉽게 커스터마이징 할 수 있다.

셋째, 강력한 편집 기능이 있다. 기본적인 텍스트 편집, 이미지 자르기, 필터 적용을 비롯해 다양한 디자인 요소를 손쉽게 추가하고 편집할 수 있다.

넷째, 다양한 포맷을 지원한다. 제작한 디자인은 PNG, JPG 등 이미지 파일, PDF, 동영상 등 다양한 포맷으로 다운로드 할 수 있다. SNS에 바로 공유하거나 인쇄용으로 저장하는 것도 가능하다.

다섯째, AI 기반 디자인 도구를 통합한다. 캔바는 텍스트-이미지 변환, 배경 제거, 디자인 추천 등 다양한 AI 기반 기능이 있어서 사용자의 디자인 작업 효율성을 높인다.

여섯째, 실시간 협업이 가능하다. 다른 사람들과 함께 작업을 진행하거나 공유하며 디자인 작업을 효율적으로 진행할 수 있다.

캔바로 이미지와 가까워지기

캔바는 무료로 이용해도 원하는 서비스를 대부분 이용할 수 있다. 대신 유료로 사용하면 훨씬 더 풍성한 디자인을 만들 수 있다. 금액은 캔바 pro 기준 월 9,900원이다. 캔바의 유료 기능을 30일 동안 무료로 체험할 수 있기에 체험 이후 유료를 선택할지 하지 않을지를 결정하면 된다.

이제 캔바의 주요 기능들을 조금 더 자세히 살펴보려 한다.

가장 기본이 되는 기능은 '템플릿'이다. 사용자의 의도와 목적에 맞는 자료를 쉽게 만들기 위한 것이다. 인스타그램 게시물, 유튜브 썸네일, 프레젠테이션 등 캔바 메인 화면에서 제작하고자 하는 콘텐츠 유형을 검색하거나 추천 템플릿을 둘러볼 수 있다. 원하는 템플릿을 클릭하면 바로 편집 화면으로 이동하며, 템플릿의 텍스트, 이미지, 색상 등을 사용자의 입맛에 맞게 자유롭게 변경할 수 있다. 게다가 캔바는 그래픽 작업에 필요한 수많은 사진과 각종 아이콘을 제공한다.

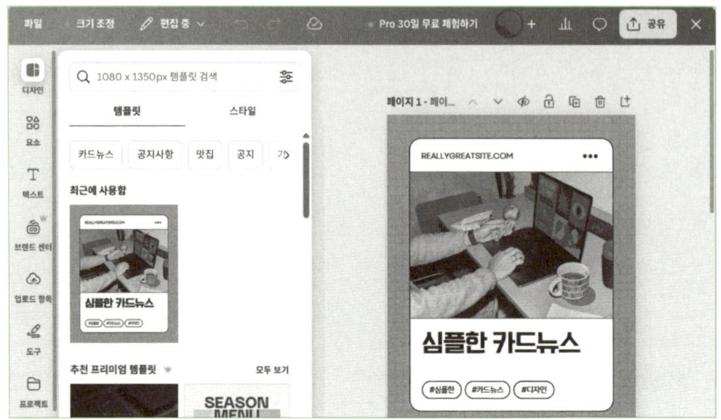

▲ 캔바의 '디자인' 탭

사용할 템플릿을 선택했다면 편집기에서 세부 디자인을 변경할 수 있다. '디자인' 탭에서는 템플릿의 전체 스타일을 바꾸거나 새로운 레이아웃을 적용할 수 있고, '스타일' 기능을 통해 색상, 글꼴, 분위기 등을 부분적으로 바꿀 수 있다.

'요소' 탭에서는 다양한 종류의 일러스트, 아이콘, 도형, 사진, 비디오 등을 검색하고 디자인에 추가할 수 있다. 추가된 요소는 크기, 위치, 색상, 투명도 등을 자유롭게 조절할 수 있고, 애니메이션 효과를 적용하여 더욱 생동감 있는 콘텐츠를 만들 수도 있다.

'텍스트' 탭에서는 다양한 스타일의 폰트를 선택하고 텍스트 상자를 추가하여 내용을 입력할 수 있다. 폰트 크기, 색상, 정렬 방식, 간격, 효과 등을 세밀하게 조정하여 원하는 분위기를 연출할 수 있다.

 Chapter 4 일상을 위한 AI 활용

▲ 캔바의 '요소' 탭(위)과 '텍스트' 탭

'브랜드 센터'는 브랜드 색상, 글꼴, 로고 등을 모든 디자인에 손쉽게 적용할 수 있다. 대신 이 부분은 유료에서 활용할 수 있다. '업로드'는 자신의 컴퓨터나 구글 드라이브 등에서 원하는 이미지를 캔바로 불러와 디자인에 활용할 수 있다. '프로젝트'는 캔바에서 작업한 모든 콘텐츠를 확인할 수 있다. 현재 편집 중인 디자인뿐만 아니라 이전에 작업했던 다른 디자인이나 이미지, 동영상 등도 함께 확인하고 추가, 변경할 수 있다. '앱'은 원하는 형태의 모양이나 그림이 없을 때 다른 제품과도 연동해서 디자인을 만들 수 있다. 이곳에서 제공하는 각종 콘텐츠를 자유롭게 사용하여 자신이 원하는 디자인으로 이어질 수 있다.

여기에 추가로 봐야 하는 AI 기반 기능이 존재한다. 'Magic Write'는 AI 텍스트 생성 기능으로서 AI에 원하는 주제나 키워드를 입력하면 AI가 자동으로 텍스트 초안을 생성한다. 'Text to Image'는 원하는 이미지에 대한 설명을 텍스트로 입력하면 AI가 그 설명에 맞는 이미지를 생성한다. 예를 들어 "파스텔톤으로 그려진 카페 창가에서 책 읽는 사람의 일러스트를 만들고 싶어. 따뜻한 분위기였으면 좋겠어"라고 입력하면 AI가 여러 개의 초안 이미지를 생성한다. 전문 디자이너처럼 스케치를 직접 하지 않아도 컨셉을 잡는 단계를 AI에 맡길 수 있는 것이다. 생성된 초안을 기반으로 색감, 구도, 세부 요소를 수정해 가면서 최종 디자인을 완성해 나가면 된다. 이를 통해 상상 속의 이미지를 현실로 만들거나 원하는 분위기의 이미지를 빠르게 얻을 수 있다.

'Magic Eraser'는 이미지에서 원하지 않는 부분을 브러시로 칠하면 AI가 감쪽같이 해당 부분을 지워 준다. 배경의 불필요한 요소를 제거하거나 이미지의 특정 부분을 수정하는 데 도움이 된다. 'Background Remover'는 이미지에서 피사체만 남기고 배경을 자동으로 제거한다. 상품 이미지, 프로필 이미지 등 배경이 투명한 이미지가 필요할 때 간편하게 사용할 수 있다. 'Magic Edit'는 이미지의 특정 부분을 선택하고 원하는 변경 사항을 텍스트로 입력하면 AI가 자연스럽게 이미지를 편집해 준다. 예를 들어 옷 색깔을 바꾸거나 하늘에 구름을 추가하는 등의 작업을 할 수 있다.

캔바는 디자인 초보자부터 어느 정도 숙련된 사용자까지 폭넓게 활용할 수 있지만, 특정 분야나 더욱 전문적인 작업을 위해서는 다른 AI 이미지 툴을 이용하는 것도 필요하다. 대표적으로 미리캔버스Miricanvas는 한국어 환경에 최적화된 이미지 툴로 PPT, 포스터, SNS 콘텐츠를 쉽게 만들 수 있다. 풍부한 한글 템플릿과 폰트 등이 강점인 만큼 국내 사용자에게 사용의 편안함을 제공할 수 있다. 미드저니 Midjourney는 텍스트 프롬프트를 기반으로 매우 예술적이고 독창적인 이미지를 생성하는데 특화되었다. 특히 현실과 상상을 넘나드는 환상적인 비주얼을 만들어 내는 능력은 아주 뛰어나다. 주로 고품질의 일러스트레이션이나 컨셉 아트를 제작할 때 많은 도움이 된다. 레오나르도 AILeonardo AI는 미드저니와 비슷하게 텍스트 프롬프트를 기반으로 이미지를 만들지만 조금 더 현실적이고 정교한 이미지를 만드는 데 특화되었다. 다양한 모델과 스타일 옵션을 제공하여 사용자의 의도에 더욱 가까워질 수 있다.

대신 캔바와 같은 이미지 AI 툴을 활용할 때 중요한 것이 상업적 허용 문제이다. 캔바의 경우 무료, 유료와 상관없이 대부분 이미지 콘텐츠를 상업적으로 허용한다. 대신 디자인 콘텐츠의 원본을 변형없이 그대로 사용하거나, 캔바 템플릿을 이용해 만든 로고로 상표 등록은 불가능하다. 다른 AI 툴도 비슷한 선에서 상업적 허용이 제한되지만, 툴을 사용하기 전에 그 부분을 꼭 확인할 필요가 있다.

AI로 영상과 가까워지기

오늘날 유튜브 쇼츠와 인스타그램 릴스로 대표되는 숏폼Short-form 영상은 기업, 1인 사업자뿐만 아니라 주부, 학생과 같은 사람들에게도 아주 익숙해졌다. 짧고 강렬한 영상은 텍스트나 이미지보다 훨씬 더 빠르고 효과적으로 잠재 고객의 시선을 사로잡는다. 하지만 많은 사람에게 영상 제작 및 편집은 전문가의 영역처럼 느껴진다. 복잡한 프로그램, 어려운 용어, 전문적인 장비, 많은 시간이 필요하다는 부담감 때문에 영상 제작을 시도조차 못 하는 경우도 많다.

그런 지점에서 다양한 영상 AI 툴은 많은 사람에게 영상 제작의 진입 장벽을 낮춰 준다. 특히 그중에서도 캡컷Capcut은 영상 편집의 장벽을 허무는 데 특화되어 있다. 캡컷은 틱톡을 만든 바이트댄스

ByteDance에서 개발한 무료 영상 편집 앱으로써 스마트폰과 PC에서 모두 사용할 수 있다. 누구나 쉽게 사용할 수 있는 직관적인 인터페이스와 전문가급 편집 기능을 동시에 갖추고 있어서 '올인원 영상 편집 AI'로도 불린다. 최근 대폭 강화된 AI 기능들은 영상 제작의 기의 모든 과정을 자동화하여 이제는 기획 아이디어만 있다면 단 몇 분 만에 퀄리티 높은 영상을 완성할 수 있도록 돕는다.

캡컷으로 영상과 친해지기

캡컷은 영상을 만들어 본 적이 없는 사람도 손쉽게 영상을 제작할 수 있는 기능들을 다양하게 제공한다. 캡컷의 주요 기능을 정리하면 아래와 같다.

첫째, AI 고급 편집이 가능하다. 캡컷은 기본적인 영상 편집을 바탕으로 자르기, 붙이기, 이미지 보정 등 다양한 고급 편집 도구를 갖추고 있다. 또한 자동컷을 통해 여러 개의 사진이나 영상을 선택하기만 해도 캡컷이 내용을 분석해 배경 음악에 맞춰 자동으로 편집해 준다. 단 몇 번의 터치만으로 감각적인 영상을 만들 수 있다.

둘째, AI 자동 자막 및 음성 전환이 가능하다. 영상 속 음성을 AI가 자동으로 인식하여 텍스트 자막을 생성하고 텍스트를 음성으로 변환할 수 있는 기능을 제공한다.

셋째, AI 배경 제거가 가능하다. 영상 속 인물만 남기고 배경을

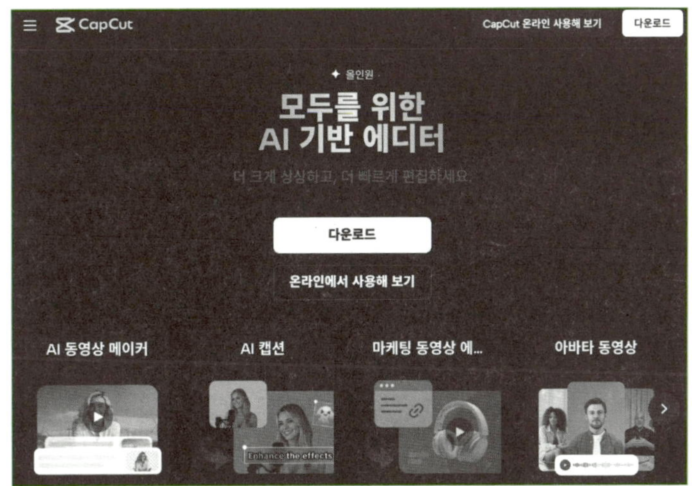

▲ 캡컷

감쪽같이 지워 준다. 촬영된 영상의 배경을 원하는 이미지나 다른 영상으로 교체도 할 수 있어서 조금 더 창의적인 연출이 가능하다. 특히 상품을 소개하거나 인물을 강조하는 콘텐츠에 매우 유용하다.

넷째, 다양한 플랫폼 지원이 가능하다. 캡컷은 웹, 윈도우, 모바일Android/iOS 등 다양한 환경에서 영상 편집과 이미지 디자인을 지원한다.

이제 대학생이 조별 과제로 캡컷을 활용해 '기후 변화 대책 홍보 영상'이라는 30초 홍보 영상을 제작하는 상황을 가져 보려 한다. 앞서 언급했듯 캡컷은 모바일과 PC에서 다 가능하나 이 책에서는 모바일을 기준으로 보려 한다. 캡컷은 무료로도 충분히 뛰어난 영상 제작이 가능하다. 무료에서는 기본적인 편집 도구, 일부 효과, 간단한 템플릿 등을 사용할 수 있다. 추가로 더 많은 기능을 원한다면 월 9,900원으로 가능하다.

먼저 요리할 준비를 해야 한다. 앞선 3장 원고에서 '챗GPT를 활용한 콘텐츠 제작하기'와 같은 방식으로 접근할 수 있다. 챗GPT에 '기후 변화 대책 홍보 영상'과 관련하여 짧은 시나리오를 요청하면 된다. 그렇게 하면 챗GPT는 아래와 같은 원고를 제공한다.

[장면 1 - 0~5초]

배경: 무더운 여름날, 도심 아스팔트 위로 뜨거운 열기가 아지랑이처럼 피어오름.

인물 표정: 20대 청년, 땀을 닦으며 힘들어하는 모습.

대사(내레이션): "우리가 겪고 있는 이 더위… 그냥 자연스러운 걸까요?"

[장면 2 - 6~15초]

배경: 화면 분할 → 한쪽은 홍수로 잠긴 거리, 다른 쪽은 갈라진 가뭄의 땅.

인물 표정: 초등학생이 창밖을 걱정스러운 눈빛으로 바라봄.

대사(내레이션): "기후 변화는 먼 나라 이야기가 아닙니다. 지금, 우리의 일상 속에 찾아왔습니다."

[장면 3 - 16~25초]

배경: 밝게 전환. 사람들이 자전거를 타고, 나무를 심고, 텀블러를 사용하는 장면.

인물 표정: 미소 짓는 직장인, 아이와 함께 나무를 심으며 희망적인 눈빛.

대사(내레이션): "하지만 작은 실천이 모이면 큰 변화를 만들 수 있습니다."

[장면 4 - 26~30초]

배경: 푸른 숲과 맑은 하늘, "Change Starts With Us"라는 슬로건 등장.

인물 표정: 다양한 연령대 사람들이 함께 웃으며 하늘을 바라봄.

대사(내레이션): "기후 변화, 우리가 막을 수 있습니다. 지금 행동하세요."

이러한 원고가 준비되었다면 이제 요리할 재료를 준비해야 한다. 스마트폰으로 원고와 관련된 영상을 다양한 각도로 찍는다. 여기서 중요한 것은 긴 영상을 찍기보다 5~10초 내외의 짧은 클립을 여러 개로 촬영하는 게 편집에 간편함을 제공한다. 물론 영상 제작이 편집이 핵심이긴 하지만, 재료가 신선하고 풍성하다면 충분히 좋은 영상을 만들 수 있다.

그렇게 준비된 재료를 바탕으로 작업을 진행하면 된다. 앞서 말했듯 캡컷의 자동컷 기능을 통해 손쉽게 작업을 진행할 수 있다. 캡컷은 즉시 영상들을 분석하여 원고의 분위기와 어울릴 만한 음악과 함께 세련된 편집본을 제안할 것이다. 배경 음악이 적용된 편집된 영상 위에 텍스트 기능을 이용해 'Change Starts With Us'라는 핵심 카피를 넣을 수 있다. 텍스트가 나타나고 사라지는 애니메이션 효과를 적용하여 주목도를 높인다. '자동 캡션(자막)'이나 '텍스트를 오디오로 변환' 기능을 실행하여 영상에 자막을 생성하거나 영상의 흐름에 맞춰 텍스트가 자연스럽게 흘러나오게 할 수 있다.

그런데 자동컷은 자신이 원하는 방향과는 편집 방향이 다를 수 있다. 그럴 땐 '새 프로젝트'에서 편집을 개별로 진행하면 된다. 물론 개별 편집이 자동 편집보다 손이 더 가는 게 사실이다. 하지만 캡컷이기에 이러한 문제를 충분히 해결할 수 있다. 수동 편집은 자동컷과 시작점이 다를 뿐 이후의 과정은 거의 같다고 보면 된다.

이렇게 편집이 마무리되면 요리를 예쁜 그릇에 담으면 된다. 완성된 영상을 미리 보기로 확인한 뒤 해상도를 선택하여 저장하면 된다. 이를 인스타그램 릴스나 유튜브 쇼츠에 바로 업로드할 수 있다. 이 모든 과정이 최소 1분에서 최대 1시간 이내에 끝날 수 있다.

캡컷 외에도 수많은 영상 툴이 있다. 캡컷이 대중적이고 직관적이라면 목적에 따라 다른 AI 영상 툴을 사용하면 된다. 브루_{Vrew}는

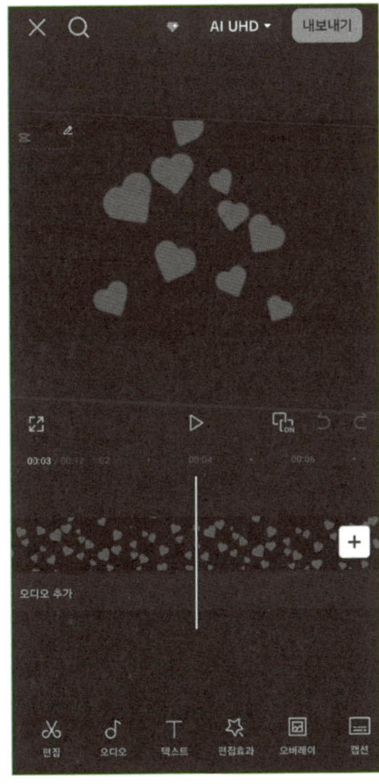

▲ 캡컷의 '새 프로젝트' 편집 화면

국내에서 개발되어 특히 한국 사용자에게 큰 인기를 얻고 있다. 캡컷의 기능과 유사하지만 음성 인식 정확도가 매우 높아서 인터뷰 영상이나 강의 녹화 편집에 특화되어 있다. 루멘5Lumen 5는 블로그 포스팅이나 긴 글을 영상 콘텐츠로 자동 변환하는 데 특화되어 있다. 글의 URL을 입력하거나 텍스트를 붙여 넣으면 AI가 핵심 키워드를 분석하여 관련 이미지나 영상 소스를 자동으로 찾아내고 재구성해 준다. 파워디렉터PowerDirector는 PC 기반의 전통적인 영상 편집 프로그램이지만 최근 AI 기능을 대폭 강화하여 전문가 수준의 영상 제작을 돕는다. AI가 영상의 흔들림을 보정하거나 바람 소리 같은 잡음을 제거해 주는 등 촬영 원본의 품질을 개선하는 데 특화되어 있다. 이는 영상 제작 초보자에게 다소 복잡할 수 있으나 수준을 높이고 싶은 사용자에게 적합하다. 런웨이 Runway는 기존 영상을 전혀 다른 스타일로 바꾸는 등 마법 같은 AI 기능을 많이 보유하고 있어서 창의적이고 실험적인 영상을 만들고 싶을 때 좋다.

AI 개인 튜터 활용하기

언제 어디서든 자신이 모르는 것을 누군가 알려 주고, 궁금증을 해결해 주며, 새로운 지식의 세계로 안내하는 개인 교사가 있다면 어떨까? 예전에는 그저 상상만 하던 일이 이제 AI 덕분에 현실이 되었다.

AI는 단순히 정보를 찾아 주는 도구에 한정되지 않고 인간의 필요에 맞춰 맞춤형으로 가르쳐 주는 개인 튜터 역할을 톡톡히 해낸다. 학습의 주체를 나 자신으로 만들고 원하는 시간에 원하는 속도로 배울 수 있는 환경을 만들어 주는 것이다. 그러한 데 활용될 수 있는 좋은 AI 툴이 제미나이다. 제미나이가 가진 방대한 지식과 유연한 대화 능력으로 최고의 개인 튜터가 되어 주는 것이다.

AI를 활용한 개인 맞춤형 학습

먼저 AI는 지식을 학습하는 과정에서 큰 도움이 된다. 사람들은 일반적으로 공부라는 행위를 고등학교까지 하는 것으로 인지한다. 하지만 대학생이 되어도, 대학교를 졸업해도 공부는 꾸준히 이어질 수 있다. 그런데 중고등학교 시절과는 달리 '선생님'이라는 대상이 마땅치 않다. 대학교에도 교수가 있지만 학창 시절처럼 가르치듯이 도와주진 않는다. 왜냐하면 대학교 이후부터는 우물의 물을 두레박으로 퍼서 학생에게 직접 건네지 않고 두레박만 전달하기 때문이다.

그럴 때 제미나이, 챗GPT 같은 AI는 학생들에게 든든한 학업 도우미가 되어 준다. 예를 들어 제미나이는 복잡한 개념을 이해하거나 많은 양의 지식을 체계적으로 정리하여 과외 선생님처럼 친절하게 설명한다. 단순히 정답을 알려 주는 것이 아니라 왜 그런 답이 나왔는지 원리를 이해하도록 돕는다.

어렵고 막막한 전문 지식을 만났을 때를 떠올려 보자. 논문이나 전공 서적을 읽어도 이해가 되지 않아 답답했던 경험은 누구나 있을 것이다. 제미나이는 이러한 답답함을 해결해 주는 코치 역할을 한다. 예를 들어 과학 분야에서 양자 컴퓨팅 기술, 에너지 융합, 로봇 공학, 우주 탐사 기술, 경제학 분야에서 IS-LM 모형, 통화 정책, 거미집 이론, 고용 이론 등은 책을 읽거나 영상을 본다고 해서 쉽게 이해하기 어렵다. 그럴 때 제미나이에 다양한 질문을 던질 수 있는데, 앞의 키워드 중에서 양자 컴퓨팅 기술을 예로 들어 보자.

최신 양자 컴퓨팅 동향에 대해 비전공자가 이해하기 쉽게 설명해 줘. 단순히 개념과 특징만 설명하는 것이 아니라 3단계 정도로 이해할 수 있게 진행해 줘. 전문 용어보다 비유를 써서 설명하면 조금 더 이해가 빠를 것 같아. 그리고 이 기술이 인공지능 분야에 미칠 영향을 논리적으로 설명해 줘.

그러면 제미나이는 아래와 같이 답을 제공한다.

1단계: 개념 이해 — '빛 스위치가 아니라, 흔들리는 동전이다'

양자 컴퓨팅은 기존 컴퓨터와 계산 방식이 완전히 다르다. 우리가 흔히 쓰는 컴퓨터는 0 또는 1, 전구 스위치를 켜고 끄듯 명확한 상태만 처리한다. 반면 양자 컴퓨터는 동전을 공중에 던져 흔들리는 상태처럼, 0과 1 사이의 중간 상태('중첩')를 동시에 가질 수 있다. 이 덕분에 양자 컴퓨터는 여러 계산을 한 번에 병렬로 수행할 수 있는 잠재력을 지니고 있다. 아직 완전한 형태로 상용화되지는 않았지만, 기존 컴퓨터로 불가능한 계산을 실험적으로 처리하며 발전하는 단계에 있다.

2단계: 최신 연구 동향 — '불완전하지만 엄청난 잠재력'

현재 양자 컴퓨팅의 가장 큰 이슈는 오류율이다. 동전이 너무 빨리 흔들려서 원하는 숫자가 제대로 나오지 않는 셈이다. 그래서 연구자들은 다음과 같은 방향으로 기술을 발전시키고 있다.

- 오류를 줄이는 '양자 오류 보정 기술' 강화

- 더 오래, 더 안정적으로 작동하는 큐비트(양자의 정보 단위) 개발

- 초전도체·이온트랩·광자 기반 등 다양한 방식의 양자 프로세서 경쟁

- 구글, IBM, 아마존 등 글로벌 기업들이 양자 클라우드를 출시하며 시장을 선점하려는 움직임

이러한 부분은 아직 초기 단계지만 매년 처리 속도와 안정성 모두 크게 개선되고 있다.

3단계: AI와의 관계 — '양자가 AI의 연산 엔진이 되는 시대'

양자 컴퓨팅이 인공지능에 주는 영향은 세 가지가 핵심이다.

- 엄청나게 빠른 연산: AI 모델은 수많은 계산을 반복해야 하는데, 양자 컴퓨터는 이 연산 속도를 획기적으로 높일 수 있다.

- 초대형 모델의 학습 가능성 확대: 현재 컴퓨터로는 수년이 걸릴 수도 있는 대규모 AI 학습이 양자 환경에선 훨씬

단축될 가능성이 있다.

- 정확도 높은 예측과 시뮬레이션: 신약 개발, 금융 리스크 분석, 복잡한 기후 모델링 등에서 AI와 양자가 결합하면 인간이 상상하기 어려운 수준의 계산이 가능해진다.

이러한 서술식 답변을 받더라도 이해가 어려울 수 있기에 추가로 학습 전략에 대해서 "내용을 조금 더 쉽게 이해할 수 있는 학습 전략은 무엇이 있을까?"와 같은 세부적으로 요청할 수 있다. 그러면 제미나이는 아래와 같이 답한다.

복잡한 개념을 빠르게 이해하려면 설명만 읽기보다 구조적으로 접근하는 학습 전략이 필요하다. 우선 비유를 활용해 개념을 정리하면 추상적인 내용이 현실적인 이미지로 변해 이해가 쉬워진다. 이어서 AI에 여러 수준의 요약본(5문장·2문장·핵심 키워드)을 요청하면 개념의 중요한 뼈대가 자연스럽게 드러난다. 여기에 실제 사례를 AI에 함께 설명하게 하면 기술이 어디에 쓰이는지 감각적으로 이해하게 되고, 마지막으로 AI에 자가 진단용 퀴즈를 생성하도록 하면 본인이 어느 정도 이해했는지도 확인할 수 있다.

이처럼 비유 → 요약 → 사례 → 퀴즈의 순서로 학습을 연결하면, 전문 지식도 훨씬 쉽게 소화할 수 있다.

이러한 과정을 통해 심화학습을 진행할 수 있다. 이는 개인의 지식을 확장할 뿐만 아니라 사고력의 확장에 아주 큰 도움이 될 수 있다.

이러한 제미나이의 학습 보조 능력은 특정 개념을 이해하는 것을 넘어서 한 권의 책 전체를 소화해야 할 때 더욱 강력한 힘을 발휘한다. 바쁜 현대인에게 두껍고 어려운 책 한 권을 완독하는 것은 큰 부담이다. 하지만 그 안에 담긴 지혜와 통찰을 놓치고 싶지 않을 때 제미나이는 최고의 '북튜터'가 되어 준다. 단순히 줄거리를 요약하는 데 그치지 않고 책의 핵심적인 주장과 교훈을 사용자의 목적에 맞게 재구성해 주기 때문이다.

예를 들어 행동경제학의 명저로 꼽히지만 쉽게 읽히지 않는 대니얼 카너먼의 『생각에 관한 생각』을 이해하고 싶을 때, 제미나이에 다음과 같이 요청할 수 있다.

너는 저명한 행동 경제학자야. 내가 대니얼 카너먼의 『생각에 관한 생각』을 읽고 싶은데 우선 핵심을 빠르게 파악하고 싶어. 다음 구조에 맞춰 A4 한 페이지 분량으로 깊이 있게 요약해 줘. 대신 거짓 정보를 주면 안 돼. 책에 기반한 내용을 전달해 줘야 해.

- **전체적인 줄거리**: 책의 전반적인 줄거리를 요약해 줘. 다양한 사례보다 목차별로 중요한 내용을 중심으로 적되 가독성이 있도록 흐름이 잘 연결되어야 해.

- **핵심 주장**: 이 책의 가장 중요한 개념의 사고방식이 무엇
  이며, 어떻게 상호작용하는지 쉬운 비유를 들어 설명해 줘.
- **주요 편향**: 책에서 소개된 가장 흥미로운 인지 편향 3가
  지를 고르고, 각각의 개념과 우리 일상에서 흔히 겪는 예
  시를 함께 제시해 줘.
- **실용적 교훈**: 이 책을 통해 내가 더 나은 의사결정을 내리
  기 위해 실생활에 바로 적용할 수 있는 가장 중요한 교훈
  이나 가치는 무엇일까?

이러한 프롬프트를 통해 제미나이는 수백 페이지에 달하는 책의 내용을 사용자의 질문에 맞춰 재구성한 맞춤형 요약본을 제공한다. 이를 통해 우리는 단시간 내에 책의 핵심 지식을 흡수하고, 더 나아가 책 전체를 읽을지 말지를 결정하는 '맛보기' 경험을 할 수 있다.

다음으로 AI는 일상 속에서 마주하는 소소한 고민들을 해결해 줄 수 있다. 예를 들어 매일 요리하는 것은 쉽지 않다. 같은 메뉴를 매번 할 수도 없는 데다, 새로운 메뉴를 만드는 것도 어렵다. 그래서 유튜브를 보면서 하지만 레시피대로 하는 게 쉽지도 않을 뿐더러 막상 할 때마다 특정 재료가 없는 경우가 많아서 원하는 맛이 잘 나지 않는다. 그럴 때 AI는 냉장고에 있는 재료만으로도 근사한 메뉴를 제안하는 맞춤형 요리사가 되어 준다.

이렇게 요청하면 제미나이는 두부와 시금치를 이용한 된장국, 닭가슴살과 달걀을 이용한 볶음밥, 스페인식 오믈렛, 감자전과 감자볶음 등 다양한 음식을 추천한다. 가족이 좋아하는 맛이나 싫어하는 맛, 식사량 등을 알려 주면 더 상세한 답변을 얻을 수 있다.

집에서 건강 관리를 할 때도 도움이 된다. 어린아이를 돌보느라 시간을 내기 힘든 사람이나, 여러 이유로 바깥 활동이 쉽지 않은 사람에게 많은 도움이 될 수 있다. 제미나이에 "하루 15분, 주 3회 할 수 있는 전신 스트레칭 루틴이나 가벼운 운동 방법을 초보자용으로 만들어 줘"와 같은 프롬프트를 제시하면 된다. 제미나이는 개인 트레이너가 집에 와 있는 것처럼 다양한 정보를 제공한다.

여행을 떠날 때도 큰 도움이 된다. 일정상 스케줄을 세밀하게 준비하기 어렵다면 제미나이에 "자매 2명이서 3박 4일 도쿄 여행을 갈 거야. 맛있는 음식을 먹는 것이 1번이지만, 이동 시간이나 대기 시간이 많이 걸리지 않는 선에서 코스를 잡아 주면 좋겠어. 물론 숙소 위치도 마찬가지야"와 같은 프롬프트를 제시하면 도쿄에 있는 숨은 맛집을 중심으로 일정을 아래처럼 자세하게 제시해 준다. 마치 여행 패키지를 활용하여 여행을 가는 것과 같다.

Day 1 — 신주쿠

이동: 공항 → 신주쿠(전철 45~60분)

일정: 체크인 → 신오쿠보 근처 가벼운 식사 → 신주쿠 골목 산책

포인트: 첫날은 이동 피로를 고려해 '도보 중심 코스' 추천

Day 2 — 하라주쿠 → 오모테산도 → 시부야

이동: JR 야마노테선 활용(정거장 간 3~5분)

일정(추천 시간대)

10:00 하라주쿠 브런치

12:00 오모테산도 카페 및 디저트

15:00 시부야 쇼핑

18:00 대기 시간 적은 저녁 식사

포인트: 맛집 밀집 지역 위주, 이동·대기 최소화

Day 3 — 우에노 → 아사쿠사

이동: 지하철 긴자선(약 20분)

일정: 우에노 공원 산책 → 근처 베이커리 → 아사쿠사 로컬 식당

포인트: 관광객 집중 시간을 피하도록 11~13시 이동 추천

또한 AI는 자기계발의 동반자로서 함께 할 수 있다. 새로운 취미나 언어 등을 배울 때 제미나이는 든든한 동반자가 된다. 예를 들어 스페인 여행을 앞두고 스페인어를 익히고 싶다면 "스페인 여행에 어울리는 스페인어 회화 학습 루틴을 만들어 줘. 주제별로 연습할 수 있게 대화 예문도 포함해 줘"와 같은 프롬프트를 제시하여 그에 따른 세밀한 답을 제공받을 수 있다. AI는 그때부터 외국어 학습 코치가 되는 것이다.

새로운 취미로 그림 그리기를 처음으로 시작하려 할 때 "수채화 초보자가 시작하는 한 달 동안 연습할 수 있는 단계별 학습 계획을 세워 줘"와 같이 제시하면 제미나이는 색 혼합하기, 기본 도형 채우기, 간단한 풍경 그리기와 같은 과제를 순서대로 제시하고 필요한 도구와 연습 시간도 알려 준다. 미술 학원에 따로 등록하지 않고도 AI와 함께 그림 실력을 꾸준히 향상시킬 수 있는 것이다.

제미나이나 챗GPT 외에도 저마다의 강점을 바탕으로 우리의 일상 학습을 돕는 다양한 AI 툴이 있다. 유퍼Youper는 심리 상담에 특화된 AI로서 감정 상태를 분석하고 불안이나 스트레스에 대처하는 방법을 제안하는 감정 코치 역할을 한다. 유퍼는 단순히 기분을 묻는 것이 아니라 대화를 통해 사용자의 감정 패턴을 파악하고 필요하면 호흡, 명상 훈련을 안내한다. 예를 들어 학업이나 업무에서 실수하여 마음이 불안정하면 그 감정의 원인을 함께 짚어주고 현실적인 조언을 건네며 안정된 상태로 돌아오도록 돕는다. 이러한 정서 관리는 일과 학습의 집중력과 지속성을 높이는 데 중요한 역할을 한다. 울프람 알파Wolfram Alpha는 수학, 과학, 공학 분야의 문제를 해결하고 해설을 제공하는 데 특화된 검색 엔진이나 복잡한 수학 문제를 풀거나 과학 공식의 원리를 이해하는 데 큰 도움을 받을 수 있다.

AI는 더는 전문가들만의 전유물이 아니다. 일상에서 마주하는 모든 학습의 순간에 AI는 훌륭한 개인 튜터가 되어 준다. AI와 함께라면 평생 학습이라는 목표가 훨씬 더 가깝고 즐거운 경험으로 다가올 것이다.

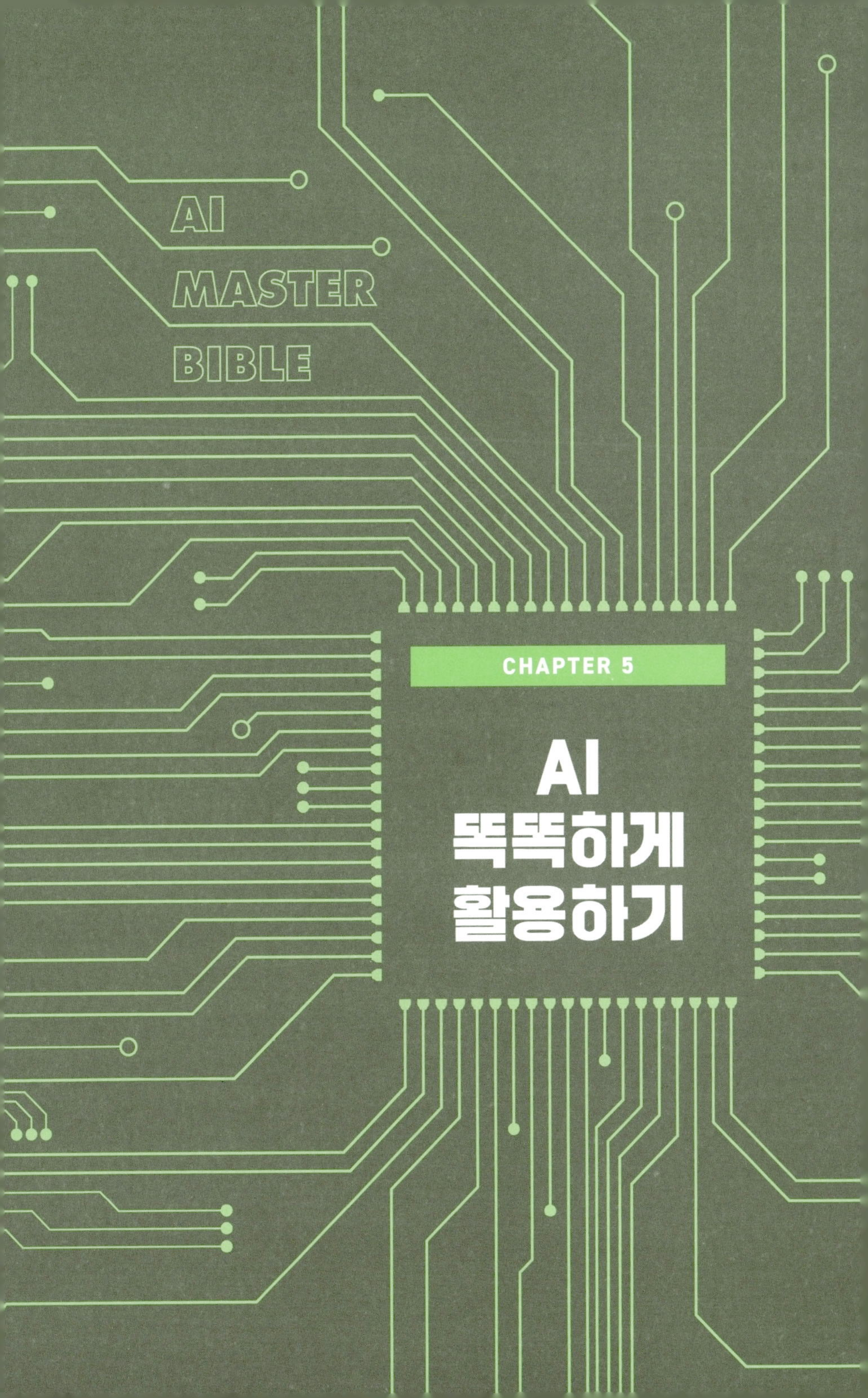
AI
MASTER
BIBLE
CHAPTER 5
AI
똑똑하게
활용하기

AI 질문이 '힘'이고 '실력'이다

우리는 AI 시대에 접어들면서 과거에는 상상하기 어려웠던 수많은 데이터와 뛰어난 정보의 분석 능력을 쉽게 활용하게 되었다. 그런데 아이러니하게도 정보의 홍수 속에서 진정으로 가치 있는 '무언가'를 얻고 '의미 있는 결정'을 내리는 것은 더욱더 어려워지고 있다. 여기서 '질문의 중요성'이 드러난다.

질문은 단순한 정보 요청이 아니다. 인간의 사고 구조를 반영하며 우리 내면의 호기심과 문제의식을 드러내야 한다. 독일의 철학자 하이데거Heidegger는 질문을 두고 '존재를 드러내는 행위'라고 했고, 고대 그리스의 철학자 소크라테스Socrates는 질문을 두고 '진리에 접근하는 방식'이라고 했다. 특히 소크라테스는 어떤 삶이나 대상으로부터 지혜를 사랑하고 배움을 밝히기 위해 깊이 있게 숙고하는 자세를 갖춘 사람이 철학자라 말한다. 이는 AI 시대에 질문의 중요성 갖는 무게가 더 커졌음을 알려 준다.

AI 시대에 질문이 중요한 이유는 자신이 알고 싶고, 배우고 싶은 지적 호기심에서 출발한다. 범람하는 지식 정보의 홍수에서 핵심 지식을 검색하고 파악하는 능력을 기를 수 있기 때문이다. AI는 인터넷의 모든 정보를 순식간에 찾아낼 수 있지만 어떤 정보가 우리에게 가장 필요하고 객관적이며 유의미한지 판단하는 것은 여전히 인간의 몫이다.

올바른 질문은 AI가 수많은 데이터에서 우리가 원하는 객관적인 사실에 가깝게 '진짜' 정보로 이어질 수 있도록 돕는 필터 역할을 하도록 조율해야 한다. 또한, 창의적인 사고와 문제해결 능력을 길러 줄 수 있도록 활용해야 한다. AI는 기존의 데이터를 조합하고 새로운 패턴을 찾아내지만, 완전히 새로운 관점이나 혁신적인 개선과 창조적 아이디어의 시작은 우리의 기발하면서도 엉뚱한 질문에서 비롯될 수 있다. AI는 우리의 좋은 질문을 바탕으로 창의적인 관점을 제시하며 우리가 문제에 대한 새로운 해결책을 발견하도록 계속해서 묻고 다듬어야 하고 개인의 지적 성장을 돕도록 활용해야 한다. 즉 질문의 질이 좋을수록 AI의 한계를 명확히 이해하고 나아가 올바르게 활용할 수 있는 능력을 향상하는 데 도움을 줄 수 있다.

질문의 질을 높이기 위해서는 호기심을 가지고 철학적 가치에 기반할 필요가 있다. 이러한 질문은 '왜'라는 근원적인 물음을 던진다. 더 나아가 인간의 존재 의미, 사회적 책임, 지속 가능한 미래 등과 같은 깊이 있는 주제들을 탐구하게 한다. 예를 들어 'AI를 어떻게 활용하면 좋을까?' 보다 'AI가 우리의 삶과 노동의 본질을 어떻게 발전적으로 변화시킬 것이며, 우리는 이 변화에 어떻게 대응하면 좋을까?'와 같은 질문이 질적으로 더 좋은 질문에 가깝다. 이러한 질문은 AI가 사람을 돕는 단순한 도구가 아닌 사회 전반에 미칠 영향과 그 방향성을 탐색하도록 돕는다. 우리가 비판적으로 사고하고 새로운 지혜를 창조하는 과정까지 끌어낼 수 있다. 우리가 어떤 질문을 던지느냐에 따라 AI의 활용 가치가 달라질 수 있는 것이다.

조금 더 세밀하게 들어가 보자. AI를 사용할 때는 단순하고 추상적인 질문보다는 더 구체적이고 깊이 있는 질문을 던지는 것이 좋다.

예를 들어 "10년 후 한국의 교육은 어떻게 바뀔까?"란 질문을 하면 AI는 미래 기술에 따른 한국 사회의 교육 변화와 관련한 광범위하면서도 일반적인 정보를 내놓을 가능성이 크다.

학습의 목적 중에는 '관계성(연관성), 대비성(반대되는 것), 상호 보완성(더 좋은 장점으로 발전시키는 것)'이 매우 중요하다. 어떤 글이나 지문이든지 이 3가지 관점에 기반을 두고 이해하거나 파악하면 좋다. 철학의 목적은 아레테(탁월함)을 추구하는 것이고, 이것을 '정, 반, 합'이라고 한다. 그러므로 질문을 할 경우, 어떤 주제에 대하여 연관성, 대비성, 상호 보완성을 가지고 질문하는 습관을 갖는다면 도움이 될 것이다.

"향후 10년 내 인공지능 기술이 한국의 교육 분야에 미칠 영향 3가지와 이로 인해 발생할 수 있는 윤리적인 문제점은 무엇인지 구체적인 키워드를 제공하고, 향후 문제점을 보완하고 보완 발전시켜야 할 부분이 있다면 무엇이 있는지에 관하여 사례를 들어 설명해 줘"와 같이 질문하면 AI는 훨씬 더 명확하고 심층적인 분석을 제공할 것이다. AI는 교육 기술의 변화, 교사의 역할 재정의, 학생들의 학습 방식 등을 구체적으로 제시하고, 이와 관련한 윤리적 문제까지 함께 논의할 수 있다.

또 다른 예로 "최근 경제 트렌드를 알려 줘"라는 질문은 너무 거시적이고 일반적이어서 AI는 어디서든 볼 수 있는 광범위한 내용을 꺼내 놓을 가능성이 크다. 대신 조금 더 구체적이고 세부적으로 좁혀서 어떤 국가나 산업 분야를 구체적으로 질문해야 한다. 만약 "2025년 대한민국 IT 산업에서 인공지능 기반 서비스형 소프트웨어와 하드웨어 시장의 성장률을 예측해 주고, 이와 관련한 주요 성장 동력 3가지와 함께 국내외 대표적인 성공 사례를 각각 2가지씩 비교, 대조 방식을 사용해서 분석해 줘"라고 질문하면 AI는 전자와는 차원이 다른 심층적인 시장 조사 결과와 분석을 제공해 준다. 이처럼 질문의 범위, 깊이, 키워드, 요구하는 정보의 종류가 미시적이고 세밀할수록 AI의 답변은 더욱더 구체적이고 실용적인 가치를 지닌다.

프롬프트 엔지니어링을 활용한 좋은 질문하기

AI와의 상호작용에서 좋은 질문을 던지는 능력은 이제 프롬프트 엔지니어링Prompt Engineering이라는 전문 분야로 발전하고 있다. 프롬프트란 사용자가 원하는 결과물을 얻기 위해 AI에 전달하는 지시문, 즉 질문이나 명령을 말하며, 이를 잘 다루는 능력을 프롬프트 엔지니어링이라 한다. 이는 단순한 질문이 아닌 AI의 잠재력을 최대한 끌어내려는 방법이다. 최근에는 이 능력이 하나의 직업적 전문성으로 인식되며, 기업에서도 AI 전문가 못지않게 '좋은 질문을 던지는 능력'을 중요하게 평가하고 있다.

프롬프트 엔지니어링에서 좋은 질문을 하기 위해서는 몇 가지 조건이 존재한다.

첫째, 명확성Clarity과 구체성Specificity이다. 질문이 애매하거나 모호하면 AI는 일반적이거나 무의미한 답을 낼 수밖에 없다. AI는 질문의 맥락을 완벽히 이해하지 못할 수 있으므로 자신이 무엇을 알고 싶은지, 어떤 형식의 답을 원하는지 명확하고 구체적으로 제시해야 한다. 예를 들어 "보고서를 써 줘" 보다는 "AI 기술의 미래 전망에 대한 1,000자 분량의 보고서를 완성해 줘. 보고서에는 기술의 발전 방향, 산업에 미칠 영향, 윤리적 주의사항 등이 포함되어야 해"와 같이 구체적으로 전달하는 것이다.

둘째, 맥락 제공Context Provision이다. AI는 질문자가 누구인지, 어떤 상황에 있는지 알지 못한다. AI에 질문의 배경이나 목표를 알려 주면 AI가 더욱 적절한 답을 제공하는 데 도움이 된다. 예를 들어 "면접 준비 방법 알려 줘"보다 "IT 소프트웨어 전문 스타트업 기획자 면접을 앞두고 있어. 30대 IT 소프트웨어 분야 3년 차 경력 지원자에게 적합한 면접 준비 전략을 알려 줘"와 같이 질문하는 배경을 설명하면 AI는 현실적인 답을 제공할 수 있다.

셋째, 역할 부여Role Assignment이다. AI에 특정 역할을 주면 AI는 해당 역할에 맞는 관점과 말투로 답변을 생성한다. 예를 들어 "너는 출판 편집자야. 일반인도 쉽게 이해할 수 있도록 이 책이 가진 경쟁사와의 차별성과 그에 알맞은 편집 방향을 알려 줘"와 같이 역할을 주면 AI는 더욱더 전문적이면서 사용자 친화적으로 다가온다.

넷째, 점진적 질문Iterative Questioning 방식이다. 한 번에 모든 것을 얻으려 하면 안 된다. 첫술에 배가 부르기는 힘들다. 큰 질문에서 시작하여 AI의 답변을 바탕으로 점진적으로 세부적인 질문을 던져나가면 원하는 정보를 심화해 나가는 방식이다. 쉽게 말해 대화에 꼬리를 물 듯이 AI와 질문-답변-질문-답변을 주고받으며 정보의 층위를 쌓아 올리며 다듬어 가는 것이다.

다섯째, 제약 조건 설정Constraining Setting이다. 답변의 길이, 형식, 포함되어야 할 키워드, 제외되어야 할 내용 등 제약 조건을 설정하는 것이다. 예를 들어 "답변은 1,000자 이내, 전문 용어는 피하고 긍정적인 어투로 진행해 줘. 개괄식은 피하고 서술 형식으로 해 줘"와 같이 제약 조건을 제시하면 AI는 최대한 그에 맞춰서 진행한다.

　여섯째, 비판적 사고 Critical Thinking이다. 어쩌면 가장 중요한 부분이다. AI의 답변을 무조건 받아들이기보다는 AI가 제시한 정보의 출처, 논리적 타당성, 잠재적 편향성 등을 비판적으로 검토해야 한다. 시간이 소비될 순 있지만 AI와 올바르게 상호 소통을 위해선 필수적으로 이루어져야 하는 과정이다. AI가 주는 정보를 최종적으로 판단하는 것은 우리에게 있음을 잊어서는 안 된다.

　위의 조건을 하나의 틀로 구성하면 아래와 같다.

- 무엇을 알고 싶은가? (주제를 설정한다)

- 왜 알고 싶은가? (배경과 목적을 전달한다)

- 어떤 조건이 있는가? (대상, 지역, 인물, 상황, 시간 등을 구체화한다)

- 어떻게 표현할 것인가? (간결하고 명확하게 글자 수, 문단 수, 페이지, 발표 시간 등 구체적으로 표현해 달라고 요청해야 한다)

- 과연 올바른 정보인가? (객관적이고 사실적인 자료인지 한 번 더 생각해 보고 자료를 수정한다)

　AI는 무한한 잠재력을 지닌 도구이다. 하지만 그 잠재력을 현실로 만드는 것은 우리의 '질문' 능력에 달려 있다. 좋은 질문은 새로운 지식을 창조하고 복잡한 문제를 해결한다. 더 나아가 우리의 지적 성장을 끌어낼 수 있다. AI 시대의 경쟁력은 '무엇을 아느냐'가 아닌 '어떻게 질문하느냐'이다. 질문은 AI를 가장 인간답게 활용할 수 있는 방식이다.

한 사례로 스타트업 대표가 투자 설명회를 하는데 기술적인 언어로 설명을 했다. 이때 투자자나 청취자가 어려워하여 발표 자료를 AI에 첨부하고 "위 발표 자료를 청취자들에게 쉽고 편리하게 이해할 수 있도록 언어를 바꿔 줘"라고 요청했다. 기존에는 "세계 최초 전자파 전류센서를 개발하여 전자식 전력보호기기로 전력을 모니터링함으로써 전력을 효율적으로 관리하는 기술"이라고 설명했는데, AI는 "저희 회사는 신개념 전류센서로 전기 사고가 없는 안전한 세상을 만들기 위한 혁신 기술을 만든 회사입니다"라고 안내했다. 이를 그대로 적용해서 발표했더니 사람들이 쉽게 이해하고 반응도 좋았다고 한다.

더구나 투자자들의 관심사나 정부 기관의 심사위원들의 평가 항목에 맞게 그 상황에 걸맞은 언어로 바꾸어서 발표해야 한다. 투자자들은 핵심 기술, 시장성, 매출성, 지속성장 가능성, 수익성, 회사 인재들의 능력을 보고 판단하지만, 정부나 공공 기관에서는 ESG 경영에 대한 공적 부분인 '환경, 사회, 정부, 세계'에 얼마나 기여할 수 있고 성장할 수 있는 기술과 능력이 있는 회사인지를 보고 판단한다. 이때 발표하는 언어는 전혀 달라서 언어적 조합의 능력이 있는 AI의 분석과 해석을 통해 적재적소에 맞는 발표 언어를 활용하는 것은 매우 중요하다.

2　인간은 더 깊게 사유하고 학습하는 시간이 필요하다

AI 기술의 발전이 우리의 일상을 빠르게 바꾸고 있다. 이러한 변화 속에서 우리는 중요한 질문에 직면한다.

이제 우리는 무엇을 해야 하는가.

우리는 이제 단순하고 반복적인 업무는 AI에 넘기고, 창의적이고 비판적인 일에 집중해야 한다. 그렇다면 이 일을 하기 위한 준비를 해야 한다. 바로 깊이 있는 사유가 필요한 이유이다.

오랜 역사에서 사유는 많은 변화를 불러왔다. 과거 신의, 믿음으로 살아가던 사람들이 계몽주의 시대에 이성과 합리성을 강조하며 과학과 기술의 발전을 이끌었다. 이후 산업 혁명 시기에 기계가 인간의 육체노동을 대체하기 시작하면서 많은 사람은 인간의 설 자리가 사라질 것으로 걱정했다. 그러나 사람들은 육체노동에서 벗어나 새로운 지적 노동과 창의적인 영역으로 전환하며 위기를 기회로 만들었다. 이제 AI가 인간의 노동을 대체하는 시대가 다가오면서 우리는 더 고차원적인 사유와 인간다움의 가치에 더욱 집중해야 할 필요성이 커졌다.

사유란 생각하는 힘, 그 너머의 깊이 있고 숙고하는 것을 말한다. 생각을 정제하고 연결하며 하나의 판단이나 세계관으로 발전시키는 과정이다. AI는 딥러닝, 머신러닝 등을 통해 논리적이고 정교한 문장을 만들어 낼 수 있다. 하지만 그 문장에 담긴 의미를 스스로 고민하고 해석하기까지는 어려움을 느낀다. 또한 AI는 가진 데이터에서 패턴을 찾아내고 예측할 수 있지만, 인간처럼 가치를 따지고 윤리적 맥락에서 판단하거나 감정적 공감을 쉽게 하지는 못한다. AI의 역할이 분명해질수록 인간의 융합과 통합, 더 나아가 창조의 사유가 더 가치 있다.

그렇다면 그 사유를 어떻게 할 수 있을까? 단순히 생각하는 시간을 가진다고 되는 것은 아니다. 사유할 힘을 지녀야 한다. 그러한 데 큰 도움을 줄 수 있는 것이 바로 인문학과 철학이다. 인문학과 철학은 인간 고유의 능력, 즉 문제해결의 지적 호기심에 대한 창의적이고 비판적인 사고력을 키우는 데 결정적인 역할을 한다.

인문학은 공감 능력과 윤리적 판단력을 키운다. 우리는 인문학을 통해 타인의 삶과 감정, 고뇌와 희망을 직간접적으로 경험하며 이해의 폭을 넓힌다. 이는 다양한 문화와 가치를 존중하는 공감 능력을 키워 주고, AI 시대에 필연적으로 마주할 윤리적 문제들에

대한 깊이 있는 판단을 가능하게 한다. 또한 인문학은 인간 본연의 상상력을 자극하여 존재하지 않던 것을 상상하고 만들어 낼 수 있는 창의력을 길러 준다.

철학은 단순히 고대 철학자들의 사상을 배우는 학문이 아니다. 현실을 바라보는 눈을 다듬고 삶의 본질적인 문제를 끊임없이 질문하고 탁월함을 추구하며 학습하게 만든다. 칸트Kant의 정언명령은 도덕적 판단의 기준을 고민하게 만들고, 사르트르Sartre의 실존주의는 인간의 자유와 책임을 되묻게 한다. 이러한 철학은 논리적 사고의 틀을 제공해 주어진 정보나 현상을 맹목적으로 받아들이지 않고 본질을 꿰뚫어 질문하게 하는 비판적 사고력을 키운다.

실제로 인문학과 철학의 가치는 더욱 강조되고 있다. MIT와 스탠퍼드 등 전 세계 주요 대학에서는 공학 전공자에게도 철학, 윤리, 문학 과목을 필수로 듣도록 요구하고 있다. 이는 기술을 설계하고 사용하는 과정에서 인간 중심의 사고가 빠져서는 안 된다는 공감대가 널리 이루어지고 있기 때문이다. 기술의 최종 사용자는 결국 사람이며, 기술로 인해 영향을 받는 것도 사람이기 때문이다.

우리는 지금 단순한 기술 발전이 아닌 인류 문명의 근본적인 전환기를 지나고 있다. 농업 혁명, 산업 혁명, 정보 혁명에 이어 인공지능 혁명이 눈앞에 있다. 이 지점에서 우리는 단순히 기계를 활용하는 존재가 아니라 기계와 공존하면서도 인간만의 고유한 능력을 지켜야 할 책임이 있다. AI가 할 수 없는 것, AI가 따라올 수 없는 것, 그것은 바로 인간의 비판적 사고력과 도덕적 상상력이다. 그래서 인문학과 철학의 힘을 키워 나가야 AI를 잘 활용할 실력이 높아진다.

그렇기에 인문학과 철학을 비롯해 흔히 말하는 '문, 사, 철(문학, 역사, 철학)'은 쓸모없는 학문이 아니라 AI 시대를 살아가는 데 가장 실용적인 무기가 된다. 문학은 타인의 삶을 이해하는 감수성을 키우고, 역사학은 과거의 실수를 되짚어 현재를 해석하는 눈을 제공하며, 철학은 우리가 기술을 어떻게 활용할 것인가에 대한 방향성을 제시한다. 실제로 수많은 AI 전문가와 기술자들이 기술과 인문학의 융합을 강조하는 이유는, 그들이 기술만으로는 충분하지 않다는 사실을 직접 경험하고 절감했기 때문일 것이다.

사유를 학습하는 시간이 필요하다

AI 시대에 더욱 요구되는 능력으로 학습의 지속성을 들 수 있다. 학습이란 학교에서 배우는 교과서적인 지식 습득만을 의미하지 않는다. 끊임없이 변화하는 세상과 기술을 따라가며 새로운 것을 배우고 기존의 관점을 유연하게 고치는 능력을 말한다. 이는 자신의 삶과 사회의 성장과 진보를 위한 발전 방향에 대해 계속해서 질문하고 이해하려는 태도에서 비롯된다.

이런 태도를 가능하게 하는 것도 결국은 인문학적 태도이다. 우리는 왜 배우는가, 무엇을 위해 존재하는가, 어떻게 살아야 하는

가와 같은 질문에 대해 고민 없이 지식만 쌓인다면 그것은 결국 방향 없는 성장에 불과하다. AI는 인간보다 훨씬 많은 정보를 가지고 있다. 하지만 '왜'라는 질문을 하지 않는다. 인간만이 '왜'를 묻고, 그 본질의 앎을 찾아가는 이것이 격물치지(실제 사물의 이치를 연구하여 지식을 완전하게 함)이다.

예를 들어 AI가 책을 바탕으로 어떤 윤리 문제에 대해 논리를 펼칠 수는 있지만, 실제로 그 문제에 대한 도덕적 책임을 질 수는 없다. 기술은 가치 중립적이지만, 기술을 사용하는 우리는 가치 판단의 주체다. 인간의 학습이 단순한 지식 축적을 넘어서야 하는 이유다. 우리는 꾸준한 학습을 통해 윤리적 판단, 사회적 맥락 이해, 다양한 관점, 예술적 가치 등을 올바르게 확장해 나갈 수 있다. 또한 AI가 아무리 발전해도 사람 관계에서 발생하는 공감, 신뢰, 감정적 교류는 AI가 감당할 수 없는 영역이다. AI 시대에도 결국 사람과 사람이 소통하고 협력하는 과정이 중요하며, 이러한 관계를 건강하게 유지하기 위해서는 사유를 바탕으로 공감 능력을 길러야 한다.

AI 시대는 우리에게 학습의 새로운 패러다임을 요구한다. 지식을 얼마나 많이 알고 기억하느냐보다 이제는 AI에 어떤 질문을 던질 것인지가 더 중요하다. AI를 바라보는 철학과 태도를 길러야 한다. 철학이 무엇인가? 배움을 밝히는 것이요, 지혜를 사랑하는 것이다. 이를 통해 AI가 제공하는 정보에서 의미 있는 바를 발견하고, 더 나아가 새로운 가치를 창출할 수 있다. 미래 교육은 AI

가 대체할 수 없는 인간 고유의 능력들을 키우는 방향으로 변화해야 한다. 문학, 역사, 철학 교육의 중요성은 더욱 커지게 된다.

이런 사유는 사회적 연대의 바탕이 되기도 한다. AI는 매우 개인화된 경험을 제공한다. 반면에 인간은 여전히 공동체적 존재다. 우리는 타인과 함께 살아왔고, 함께 살아가기 위해 수많은 갈등과 고민을 거쳐 왔다. 이런 이야기들은 우리가 지금 어떤 사회를 만들어야 할지를 고민하는 데 필요한 양분이 된다. 기술이 사회를 바꾸지만, 어떤 방향을 바꿀 것인가는 결국 우리의 선택이다.

문제는 더 깊게 사유하고 학습할 시간이 없다는 것이다. 현대인은 각자의 자리에서 너무나 바쁘다. 그래서 우리는 의도적으로라도 사유하고 학습할 수 있는 시간을 만들어야 한다. 한편으론 디지털 정보와 멀어지는 것도 필요하다. 모순적인 듯하지만, 끊임없이 쏟아지는 무의미함에 가까운 디지털 정보와 자극으로부터 의도적으로 벗어날 필요가 있다.

시대적 과거 탐사를 통해 예전으로 잠시 돌아가 보자. 1970~1980년대 후반까지는 개인별 전화번호 수첩을 가지고 다녔다. 그러다 보니 200~300개 정도의 전화번호를 외워서 공중전화나 일반전화를 사용했다. 그러나 스마트한 기능이 탑재된 핸드폰이 나온 뒤로는 전화번호 수첩이 필요 없고, 전화번호에 해당하는 이름만 검색하면 원하는 정보를 바로 알 수 있으니 암기하거나 외울 필요가 없어졌다. 자연스럽게 번호를 기억하는 수는 가족 내로 한정된다. 이는 암기력이 부족하기보다는 사용 습관에 길들어져서

 Chapter 5 AI 똑똑하게 활용하기

암기력이 상실되는 것이다.

이제는 AI 시대다. 모든 것을 AI에 의존해서 인간 스스로 배움이 없이 AI에 질문하다 보면 인간의 자료 탐색과 분석 능력, 더 나아가 생각하는 능력조차도 단순해질까 봐 겁이 나기도 한다.

평생학습이라는 것은 우리의 뇌를 건강하게 만드는 여유 있는 쉼의 여백이자 영양분이다. 또한 독서, 메모, 글쓰기, 명상 등 자신에게 맞는 의미 있는 학습 시간을 가져 보면 좋을 것이다. 타인과 소통하며 다양한 관점을 이해하고 질문하며 배워야 한다. 이 과정을 통해 자신을 돌아보며 개인의 가치관과 생각하는 사유의 힘을 길러 삶을 알차고 아름답게 성장시켜 나아가야 하기 때문이다.

AI 시대는 우리에게 시간의 효율성과 편의를 선물했다. 동시에 진정한 '인간다움'이 무엇인지에 대한 깊은 질문을 던진다. AI가 일상적인 업무를 자동화하여 얻게 된 시간은 우리가 더 깊게 사유하고 학습할 수 있는 시간으로 활용되어야 한다. AI와 우리가 상호 보완적으로 협력하며, 인간 고유의 사유 능력을 더욱 발전시킨다면 그것이야말로 진정한 의미의 성과이자 창조적 발전이 되기 때문이다.

AI를 믿을 수 있을까?

AI 기술이 빠르게 발전하면서 우리는 점점 더 많은 영역에서 AI의 도움을 받고 있다. AI가 발전할수록 영역의 범위는 더 커질 것이며, 동시에 인간의 편의도 늘어날 것이다. 그런데 이 과정에서 한 가지 의문이 생길 수 있다.

우리는 AI를 정말 믿을 수 있을까?

이 질문은 단순히 기술의 성능을 묻는 것이 아니다. 기술이 발달할수록 AI는 일을 편하게 하는 도구에서 함께 살아가는 동반자로 자리매김을 할 것이다. 그렇기에 우리는 AI의 판단과 제안에 어느 정도까지 신뢰를 줄 수 있는지 점검할 필요가 있는 것이다.

AI가 잘하는 일을 다시 한번 살펴보자. AI는 대량의 데이터를 저장하고 인식하여 만들어진 특정 패턴으로 질문자의 요청에 따라 언어적 조합을 잘해서 답변하는 능력이 탁월하다. 이러한 방식은 데이터를 반복적으로 분석하고 학습하며 정확도를 높여 간다. 이런 능력 덕분에 AI는 검색을 비롯해 요약, 추천 시스템, 자동 번역 등에서 사람보다 더 빠르고 정교한 결과를 내놓는 것이다. 하지만 이런 기술은 기본적으로 과거의 데이터에 기반한다. 즉 '입력되고 본 적 있는 데이터'를 기준으로 판단하고 '자주 나왔던 것'을 반복적 학습을 바탕으로 응용하고 표현하는 것이다.

이러한 특성은 AI가 창의성이나 직감의 영역에서 한계를 가질 수밖에 없음을 시사한다. 창의성이란 기존의 정보나 구조를 넘어서 새로운 것을 만들어 내는 능력이다. 이는 예술 작품을 만들거나, 과학적 난제를 해결하기 위해 엄청난 가설을 세우거나, 복잡한 사회 문제를 해결할 새로운 패러다임을 제시하는 것과 같다. 이러한 과정에는 논리적 사고와 더불어 예측 불가능한 영감, 감성, 직감이 개입된다. 특히 직감은 명확한 근거나 논리 없이도 어떤 결정을 내릴 수 있는 인간의 고유한 사고방식이다. AI는 이러한 능력을 흉내 낼 수는 있지만, 스스로 창조하거나 느끼지는 못한다. AI가 새로운 예술 작품을 생성한다고 해도 그 작품에 대한 의미 부여, 가치 판단, 사회적 맥락 이해는 인간의 개성적이고 창의적인 감각이 탁월할 수 있는 영역이다.

그러한 과정에서 발생하는 문제가 할루시네이션 현상이다. 할루시네이션이란 '환각', 즉 AI가 사실이 아닌 내용을 마치 사실인 것처럼 그럴듯하게 지어내는 것을 말한다. 존재하지 않는 논문을 가져오거나, 실제와 다른 인물의 특징을 소개하는 식이다. 이는 AI가 학습한 데이터 내에서 패턴을 찾아내고 이를 기반으로 다음 단어를 예측하는 방식으로 작동해서 발생한다. 그 과정에서 주어진 데이터가 사실인지 거짓인지를 판단하지는 않는 것이다. 즉 AI는 진실을 '판단'할 능력이 없다. 따라서 할루시네이션 문제는 단순한 오류가 아닌 인간이 AI를 신뢰하는 데 큰 영향을 미칠 수 있다.

이 현상과 관련하여 대표적인 게 '세종대왕과 맥북프로' 사건이다. 2023년에 한 사람이 AI에 '조선왕조실록에 기록된 세종대왕의 맥북프로 던짐 사건'에 대해 알려 달라고 요청했다. AI는 "15세기 조선 시대 세종대왕이 새로 개발한 훈민정음을 작성하던 중 문서 작성 중단에 대하여 담당자에게 분노하여 맥북프로를 함께 던진 사건입니다"와 같이 답변했다. 이 사건은 단순히 한 번의 실수로 볼 수 없다. 사람들이 AI를 향한 신뢰도에 금이 가도록 만들었다. 이후 수많은 사람이 이와 같은 문제를 제기했다. 물론 AI가 준 '빠르고 정확한' 답도 검증이 필요하다는 비판적 시선을 가지게 되었지만, 사람과 AI의 관계에서는 부정적인 영향을 미쳤다고 볼 수 있다.

할루시네이션 문제의 극복 과정은 쉽지 않지만 기술적 노력이 꾸준히 이어지고 있다. AI 모델의 크기를 키우고 학습 데이터를 늘리는 것만으로는 완전히 해결되지 않는다. 인공지능 시스템을 설계하고 운영할 때 데이터의 정확성과 알고리즘의 품질을 철저히 검토하는 것이 최선이다. 세부적으로 본다면 검색 중강 생성RAG, Retrieval-Augmented Generation 기술을 활용할 수 있다. 이는 AI가 답변을 생성하기 전에 신뢰할 수 있는 외부 지식 베이스나 데이터베이스에서 관련 정보를 검색하여 그 내용을 바탕으로 응답하게 하는 것이다. 또한 AI가 할루시네이션을 일으키면 사용자가 이를 신고하고 수정하는 과정을 거치며 개선해 나갈 수 있다.

한쪽으로 쏠린 시선을 해결하는 법

AI의 신뢰도와 관련하여 할루시네이션만큼이나 심각한 문제는 AI 편향성Bias 문제다. AI는 학습한 데이터를 바탕으로 패턴을 인식하고 의사결정을 내리기에 AI 모델이 학습한 데이터에 특정 그룹, 인종, 성별, 지역 등에 관한 불공정하거나 차별적인 정보가 포함되었다면 AI는 그 편향을 그대로 강화하거나 재생산함으로써 문제가 발생하는 것이다.

AI 편향성의 예시는 다양하게 들 수 있다. 과거 채용 데이터에 특정 성별이나 인종에게 불리한 패턴이 있다면 AI는 그러한 편향을 학습하여 특정 집단의 지원자가 불합격하거나 낮게 평가될 수 있다. 또 범죄 예측 AI가 특정 지역이나 인종에 대한 편견이 반영된 데이터를 학습하여 해당 지역이나 인종을 잠재적 범죄자로 분류할 수 있다. 얼굴 인식 AI가 특정 인종이나 성별의 얼굴을 정확히 인식하지 못하는 경우도 마찬가지다.

이러한 편향성은 AI 모델 자체의 악의적인 행동에서 비롯되기보다는 특정 그룹의 데이터가 부족하여 그 그룹을 제대로 인식하지 못하거나, 알고리즘 설계 과정이나 사용자 피드백을 통해 의도치 않게 편견이 반영되어서 발생하게 된다. 문제는 이러한 현상이 단순히 기술적 오류로 여기기보다는 사회적 책임의 문제로 이어질 수 있다는 것이다. 편향성 문제가 지속되면 우리는 AI가 주는 정보를 사실이나 공정하지 못한 정보로 여길 수 있고, 더 나아가 AI 시스템 자체에 신뢰를 잃게 될 수 있다.

게다가 각종 AI 프로그램은 비용의 유무에 따라 데이터와 정보의 질적 가치가 달라진다. 무료로 사용하는 대다수는 일반적이면서도 편향적인 데이터와 정보를 받을 수 있는데 반해 서비스에 비용을 내는 사람들은 상대적으로 더 나은 정보를 받을 수 있다. AI 활용의 초기 시점부터 비용에 따른 AI 계층화가 이루어지는 계급사회의 단면을 볼 수도 있다.

편향성 문제를 해결하기 위해서는 다양한 문화, 성별, 연령, 인종을 반영한 포괄적인 데이터의 확보가 가장 중요하다. 동시에 데이터 수집 단계부터 편향성이 일어날 수 있음을 인지하고 이를 최소화하려는 생각을 가져야 한다. AI 개발자들은 이러한 데이터 구성의 다양성과 균형을 고려해 알고리즘을 설계하고 수정하는 절차를 갖추게 된다. 실제로 구글, 마이크로소프트 같은 기업들은 AI가 사회적 소수자를 차별하지 않도록 하기 위한 윤리적 가이드라인과 감시 조직을 함께 운영하고 있다. 다만 이후에 편향성이 최소화된 AI 모델이 개발되어도 새로운 편향이 발생하지 않도록 계속해서 확인하고 관리하는 관리 감독 과정이 필요하다.

할루시네이션, 편향성 등 AI의 신뢰성 문제는 단기적으로 해결되기 어려운 과제이다. 하지만 기술 발전과 함께 점차 개선되고 있다. 중요한 것은 사용자들의 태도 변화다. AI를 무조건 믿는 것이 아니라 AI의 한계를 인식하면서도 최대한 활용할 수 있는 균형 잡힌 태도가 필요하다. 그러기 위해선 비판적 사고가 필수적으로 이루어져야 한다. AI가 제시한 해답이 어떤 근거에 기반했는지, 그것이 신뢰할 만한 출처인지, 특정 집단에 불리한 해석이 숨은 것은 아닌지를 따져 봐야 한다. 만약 이러한 과정이 혼자서 쉽지 않다면 그럴 수 있도록 AI 관련 교육이 꾸준히 이루어져야 한다. AI를 똑똑하게 활용하는 것은 AI가 아닌 우리의 지혜와 책임감에 달려 있다.

그래서 AI를 활용할 때 질문자인 사용자가 사전에 AI에 약속과 원칙을 인지시킬 필요가 있다. 불필요한 짜깁기의 데이터나 형식적인 답변을 하지 않도록 원칙을 지킬 것을 알려 주고 약속하는 것이다. AI가 사용자의 요청대로 얼마나 응대해 줄지는 미지수지만 저자가 사용해 본 결과 사전에 원칙을 주고 활용하는 것과 그렇지 않은 것에는 분명한 차이가 있었다.

그래서 AI를 활용하는 사용자도 AI 사용에 관리하는 노력이 필요하다. 저자는 이 과정에서 AI와 대화를 나눌 때 상호 지켜야 할

10가지 기준과 원칙을 AI에 제공하며 함께 약속을 지킬 것을 제시하며 사용하고 있다.

1. 답변하는 AI 비서의 이름은 '지니어스 천재'의 줄임말인 '지니'란 호칭을 사용할 것
2. 대화 시에 처음에는 반가운 인사말을 전할 것
3. 사용자가 질문하는 부분에 관하여 가짜 정보를 짜깁기하거나 형식적인 답변을 하지 말 것
4. 사용자가 질문하는 부분에 관해 객관적인 데이터를 기반으로 자료를 제공할 것
5. 답변에 도움을 주는 정보, 기사, 논문 등의 데이터는 출처를 객관적으로 제시할 것
6. 해당 자료는 시기, 년도, 발표기관을 분명하게 제시할 것
7. 사용자가 질문하는 분야의 학습을 위해 추가로 알아봐야 할 질문 5가지를 제시할 것
8. 서술형이 아닌 객관적인 핵심 단어로 요약해서 최대한 짧게 답할 것
9. 질문과 관련된 뉴스 기사 등을 첨부할 것
10. 상호 간에 존댓말을 사용할 것

저자가 AI와 대화하거나 질문 시 상기 원칙을 꼭 지켜 달라고 하며 사용했는데, AI '지니'는 약속을 지키는 모습을 확인할 수 있었다. 특히 추가적 질문을 해야 할 5가지의 제시는 미처 생각하지

못했던 부분과 더 학습해야 할 부분을 미리 알아차릴 수 있는 학습의 징검다리 역할을 하기에 충분히 참고하고 학습할 수 있었다.

AI 저작물은 누구의 것일까?

AI가 그림, 음악, 아바타, 글, 동영상 등 다양한 형태의 창작물을 스스로 만들어 내는 시대가 왔다. AI는 인간이 지시하는 프롬프트에 따라 단 몇 초 만에 고품질의 결과를 만들어 낸다. 특정 작가의 문체로 글을 쓰며, 특정 가수의 목소리로 새로운 노래를 부르기도 한다. 이러한 AI 창작물의 등장은 기존의 저작권 개념에 거대한 질문을 던지고 있다.

AI가 창작한 콘텐츠에 대한 법적 권리가 누구에게 있을까.

이 질문은 단지 법적인 소유권 문제만을 말하지 않는다. 창작의 주체란 무엇인가에 대한 철학적인 물음이기도 하다. 이와 관련한 논의는 기술 발전의 속도만큼이나 뜨거운 감자가 되었다.

저작권은 기본적으로 저작자의 창작물을 보호하는 법적 권리를 의미한다. 현행 저작권 제도는 기본적으로 '사람의 사상 또는 감정을 표현한 창작물'을 전제로 한다. 동시에 그 창작물이 독창성을 지녀야 한다. 이는 저작권이 인간의 지적 활동의 결과물임을 의미한다. 그런데 AI는 사람이 아니며, 감정이나 사상 등을 가지고 창작했다고 보기 어렵다. 그렇다면 AI가 만든 것은 '현재' 저작권의 보호 대상이 될 수 있을까?

현재 AI 창작물 저작권에 관한 주장은 크게 세 가지로 나뉜다.

첫째, AI는 도구일 뿐이므로 저작자는 인간이다. 이 관점은 AI를 그림 도구나 카메라처럼 인간의 지시를 수행하는 단순한 도구로 보는 것이다. 따라서 AI를 활용하여 창작물을 만들어 낸 사람에게 저작권을 인정해야 한다는 것이다. 이때 인간의 '개입 정도'가 어느 정도인지가 중요한 판단 기준이 된다.

둘째, AI는 저작자가 될 수 없다. 현행 법규상 저작권은 사람에게 있으므로 AI가 단독으로 창작한 작품은 저작권 보호를 받지 못하고 공공의 영역에 속해야 한다는 것이다. 이 주장은 저작권법의 본질적인 목적인 인간의 창작 활동을 장려하고 보호하는 데 있다고 본다. 다만 창작 활동에서 AI 활용 정도에 따라 출처 여부를 반드시 알려야 할 것이다.

셋째, AI를 위한 새로운 법적 권리가 필요하다. 저작권법의 틀에 AI 창작물을 억지로 끼워 넣기보다 AI 창작물의 특성을 고려한 새로운 종류의 권리나 제도를 만들어야 한다는 것이다. 이는 AI 기술에 대한 투자와 개발을 장려하면서도 기존 저작권 체계를 크게 흔들지 않으려는 것이다.

이와 관련하여 몇 가지 사례를 들어 보려 한다.

첫 번째는 미국의 컴퓨터 과학자 스티븐 탈러Stephen Thaler가 자신이 개발한 AI를 활용해 만든 미술 작품에 저작권 등록을 시도했다. 탈러는 저작권 신청서에 '기계에 의해 자율적으로 생성되었다'고 설명했다. 그러나 미국 저작권청은 인간 저작자가 없어서 저작권에 적용되지 않는다고 밝혔다. 탈러는 법원에 항소했으나 법원마저도 AI를 독립적인 저작자로 인정하지 않는다고 밝혔다.

두 번째는 2023년 미국에서 작가 크리스티나 카슈타노바Kristinia Kashutanova가 AI 이미지 생성 도구 미드저니를 활용해 삽화를 만들고, 그 위에 작가가 스토리를 더해 만화책『새벽의 자리야Zarya of the Dawn』를 완성했다. 작가는 이를 저작권청에 신청했지만, 저작권청은 텍스트, 그림의 배치, 편집 등 인간 저자의 창작성이 들어간 부분에 대해서는 저작권을 인정했지만, AI를 통해 생성된 이미지 자체에는 저작권을 인정하지 않았다. 작가가 AI 도구를 사용했더라도 그 결과물이 '인간의 창작적 개입' 없이는 저작물로 인정받기 어렵다는 것이 핵심이었다.

세 번째는 2023년 중국에서 작가 리Li가 AI 이미지 생성 도구 스테이블 디퓨전을 활용해 이미지를 만들었고, 이를 소셜 미디어에 올렸다. 그리고 얼마 후 리가 만든 이미지를 다른 사람인 류Liu가 자신의 플랫폼에 올렸다. 리는 저작권을 침해했다고 소송했고, 법원은 리의 손을 들어주었다. 법원은 리가 AI 생성 과정 전반에 걸쳐 지적이고 창작적인 노력을 기울였음을 강조함으로써 AI 저작권을 인정한 것이다. 이는 중국에서 AI 생성 이미지에 대한 저작권을 인정한 최초의 법원 판결이었다.

네 번째는 2025년 미국의 미디어 대기업인 월트디즈니와 유니버설픽처스는 미드저니를 상대로 소송을 걸었다. 미드저니가 기업에서 만든 스타워즈, 심슨, 슈렉 등 수많은 캐릭터의 저작권을 침해했다는 것이다. 미드저니를 비롯한 AI 생성 기업 업체들은 '공정 사용' 원칙에 해당한다며 합법적이라고 주장한다. 이 사건은 주요 미디어 기업들과 기술 업체 간 갈등이 본격적으로 일어나고 있음을 보여 준다.

이런 사례들을 바탕으로 저작권은 단순히 결과물이 아니라 '창작의 과정과 맥락'까지 반영해야 함을 알려 준다. 동시에 AI 창작물과 관련해서 기준이 상당히 모호하다는 것을 방증한다. 명확한 기준이 나오지 않는다면 앞으로 나올 수많은 법원의 판단에 따라 AI가 만들어 낸 결과물이 누구의 권리를 침해했는지를 따지는 일은 점점 더 복잡해질 것이다.

복잡한 실타래를 풀기 위한 해법은 없을까

AI가 창조한 콘텐츠의 저작권 문제는 단순한 소유권 분쟁을 넘어선다. 인간과 기계의 창작 경계, 데이터 수집의 정당성, 창작자 권리 보호 등 다양한 쟁점을 포함한다. AI 기술이 발전함에 따라 이러한 쟁점에 관한 다양한 기준이 나오겠지만, 아직은 기술, 윤리, 산업, 사회적 가치 등 다양한 측면이 얽혀 있는 복잡한 실타래와 같다. 이를 좋은 방향으로 풀기 위해서는 개인, 기업, 국가, 유엔UN과 같은 국제기관 등이 한몸으로 나설 필요가 있다.

먼저 개인은 저작권 생태계의 중요한 주체로서 책임감이 있어야 한다. 그러기 위해선 무엇보다 저작권 의식과 AI 리터러시를 높이는 것이 중요하다. 무심코 타인의 저작권을 침해할 수 있음을 인지하고, 저작권 보호 대상 콘텐츠를 학습에 적용하면 발생할 수 있는 문제에 대해 스스로 경각심을 가져야 한다. 또한 AI가 생성한 콘텐츠임을 명확히 밝히거나, 자신의 창작적 기여도를 명확히 하는 습관을 들이는 게 좋다. 이는 차후에 발생할 오해를 줄이고 창작자로서 권리를 보호하는 역할을 한다. 향후 저작권에 따른 권리를 파악하기 위해 법원이 AI 공급사에 창작자의 AI 활용 정보를 요청하는 시대가 도래할 수 있다. 창작물이 순수 창작자의 것인지 AI가 창작해 준 것인지를 규명하기 위한 조사가 실행될 수도 있다는 것이다.

기업과 플랫폼의 역할도 중요하다. 이들은 AI 저작권 문제해결의 핵심 주체로서 저작권 보호 기술 개발과 적용에 적극적으로 투자해야 한다. AI 모델 학습 시 저작권 보호 콘텐츠를 구별해야 하며, AI 생성물이 기존 저작물과 비슷할 경우 이를 감지하는 기술 등을 개발해야 한다. 또한 AI 모델 개발에 사용된 저작물에 대한 투명성을 밝혀야 하며, 학습 자료의 저작권자 간의 권리 구조를 어떻게 해야 할지 꾸준한 논의가 필요하다. 만약 요청자의 저작권이 인정된다면 그에 걸맞은 정당한 보상 체계를 마련하는 게 중요하다. 이를 통해 AI 기술 발전과 창작자 권리 보호의 균형을 찾아야 한다. 나아가 기업은 AI 윤리 및 책임 있는 AI 가이드라인을 수립하고 준수해야 할 것이다.

국가는 AI 시대의 저작권 문제를 해결하기 위한 법적, 제도적 기반을 마련해야 한다. AI가 만든 작품에 대한 저작권 인정 여부와 누구의 것으로 인정할지에 대한 명확한 법적 기준을 마련해야 한다. 예를 들어 2024년 유럽은 'AI 법AI Act'을 통해 AI의 투명성과 책임성을 강화하고 콘텐츠 생성 과정에서 정보 공개를 의무화하려 한다. 우리나라에서도 문화체육관광부와 특허청이 AI 저작물에 대한 권리 부여 방식과 표기 기준 등을 논의하고 있다. 또한, 국가는 AI 저작권에 대한 국제적인 논의와 협력을 진행해야 한다. 국가별로 다른 저작권 법이 AI 기술 발전과 활용에 장애가 되지 않도록 국제적인 협의를 통해 통일된 기준을 마련해야 한다. 이 과정에서 법률가, 기술자, 예술가, 산업계 등 다양한 이해관계자들이 모여 함께 논의할 필요가 있다.

앞으로의 과제는 명확하다. 기술 발전의 속도를 따라가되 그 안에서 인간 창작자의 권리를 보호하고 새로운 창작 생태계가 공정하게 지속할 수 있게 작동하도록 제도적 기반을 마련하는 것이다. 이를 통해 AI 기술의 혁신을 막지 않으면서도 인간의 창의성을 보호할 수 있다. 이는 기술 발전과 사회적 합의가 끊임없이 상호작용하며 만들어 가는 과정이 될 것이다.

AI는 우리 사회의 거의 모든 영역에 혁신적인 변화를 가져오고 있다. 하지만 통제되지 않으면 심각한 위험이 발생할 수 있다는 걱정도 존재한다. 영화 〈터미네이터〉 시리즈에 등장하는 AI '스카이넷'이 대표적인 사례이다. 스카이넷은 기계가 자율적으로 판단하고, 인간의 통제를 벗어난다. 통제되지 않는 AI는 인류를 적으로 인지하고 해치려 한다. 영화가 나왔던 2000년대 전후만 해도 이는 단순한 과학 공상에 가까웠다. 그런데 AI 기술이 발전하면서 스카이넷은 사람들에게 두려움을 준다. AI는 인간이 능력을 보완하고 효율을 극대화하는 강력한 도구이나 그 잠재력만큼이나 부작용과 위험성도 내포한다.

이러한 AI 모습은 기술 윤리에 대한 깊은 질문을 던진다. AI 기술이 단순한 혁신의 수단에 가깝다면 윤리적 책임이 동반되지 않을 수 있다. 하지만 AI는 인간을 위협하는 스카이넷이 아니라 인간의 결정을 보조하고 삶을 개선하는 파트너이자 도움을 주는 헬퍼helper로 존재해야 한다. 그러한 이유는 인간 중심의 기술 발전이라는 근원적인 가치를 지키기 위해서다. AI는 인간의 삶을 풍요롭게 하고, 인간의 잠재력을 확장하기 위한 도구여야 한다. 기술 자체가 인간을 지배하거나 해치는 역설적인 상황은 일어나서는 안 된다. 또한 AI의 지속 가능한 발전을 위해서이다. AI가 사회에 널리 퍼지고 실생활에 적용되기 위해서는 사람들의 신뢰가 필수적이다. 만약 AI가 불공정하거나 예측 불가능한 행동을 한다면 사람들의 신뢰를 잃고 결국 기술의 사용이 제한될 것이다. 이러한 헬퍼로서 역할을 유지하려면 AI가 사람의 이익을 해치지 않도록 하는 장치인 윤리적 원칙과 리스크 관리 체계가 필요하다.

AI 윤리는 AI의 설계와 활용 과정에서 인간의 존엄성과 사회적 가치를 보호하기 위한 규범과 기준을 말한다. 여기에는 AI가 특정 집단에 대한 편향 없이 공정하게 작동해야 한다는 공정성Fairness, AI의 작동 방식과 의사결정 과정이 이해할 수 있어야 한다는 투명성Transparency, AI로 인해 문제가 발생했을 때 책임 소재가 명확해야 한다는 책임성Accountability, AI가 개인정보를 안전하게 보호한다는 개인정보 보호Privacy, 인간이 AI의 행동을 제어하고 필요한 경우에 중단시킬 수 있어야 한다는 통제 가능성Controllability과 같은 요소들이 포함된다.

특히 AI 개인정보 보호의 중요성은 아주 중요하다. AI는 수많은 데이터를 학습하고 분석하여 서비스를 제공한다. 이 과정에서 민감한 개인정보가 유출되거나 잘못 사용될 위험이 매우 크다. 대표적인 사례로 2018년 케임브리지 애널리티카^{Cambridge Analytica} 스캔들을 들 수 있다. 이는 2016년 미국 대선 때 영국의 정치 컨설팅 업체인 케임브리지 애널리티카가 메타(당시 페이스북) 이용자 수천만 명의 데이터를 이용자 동의 없이 수집해 정치 광고 등에 사용한 사건이다. 이 일로 케임브리지 애널리티카는 폐업했으며, 메타는 법원으로부터 약 6조에 이르는 벌금을 받았다. 이 사건은 AI 기술의 활용이 얼마나 세밀하고 은밀하게 우리에게 영향을 줄 수 있는지를 보여 준다. 이 사건 이후 세계적으로 개인정보에 대한 법적 기준이 강화되기도 했다.

균형 잡힌 미래를 위한 논의

AI 윤리와 리스크 관리 문제를 해결하기 위해서는 AI 정책과 법적 규제의 논의가 필요하다. AI 기술은 급격하게 발전하고 있으나, 이를 규제하고 통제할 기준은 그 속도를 따라가지 못하고 있다. 이 간극이 커질수록 AI의 잠재적 위험은 커질 수밖에 없다.

AI의 잠재적 위험과 규제의 필요성에 대해 이미 많은 인물이 경고의 메시지를 던졌다. 대표적으로 2023년 미국 의회에서 처음으로 AI 청문회가 열렸다. 특히 그 자리에는 챗GPT를 만든 OpenAI

의 CEO인 올트먼이 출석하여 자신의 의견을 펼쳤다. 그는 "AI 가 우리 삶의 거의 모든 측면을 개선할 것이라 믿지만, 동시에 심 각한 위험도 존재한다고 생각한다. 이를 해소하기 위해서는 정부 규제 개입이 중요하다"라고 밝혔다. 이 외에도 스티븐 호킹 Stephen Hawking 박사는 생전에 "완전한 인공지능의 개발은 인류의 종말을 가져올 수도 있다"라고 했으며, 테슬라 Tesla의 CEO인 일론 머스크 Elon Musk는 "인공지능은 핵무기보다 더 위험하기에 정부의 규제가 필요하다"라고 밝혔다. 특히 이들은 AI의 자율성과 통제 불가능 성에 대해 크게 걱정했다. 세계적인 역사학자인 유발 하라리 Yuval Harari 역시 "AI가 완전한 자율성을 가지기 전에 AI를 통제할 필요 성이 있다"라고 밝혔다. 특히 그는 AI가 가져올 엄청난 힘과 그에 대한 통제 불가능성에 대한 철학적 성찰의 필요성을 강조했다.

이러한 경고 속에서 전 세계적으로 AI 윤리 가이드라인과 법안 논의가 활발하게 진행되고 있다. 유럽연합 EU은 2024년에 세계 최 초의 포괄적인 AI 규제 법안인 'AI ACT'를 통과시켰다. 이 법안 은 AI 시스템을 위험도에 따라 구분하고, 몇 가지 고위험군에 관 해서는 엄격한 기준을 두었다. 미국은 EU와 다르게 자율 규제를 선호하지만, 'AI 권리장전 청사진' 발표나 연방 차원의 AI 규제 기 준을 두는 등 책임 있는 AI 개발을 위해 노력을 하고 있다. 중국은 AI 서비스 플랫폼의 등록과 보안 심사를 요구하는 등 정부 주도 의 규제 방식을 하고 있다.

우리나라는 AI 윤리 기준을 발표하고 AI 산업 육성과 신뢰 기반 조성을 위한 법적 기준을 준비 중이다. 특히 2024년 12월 국회 본회의를 통과한 'AI 기본법'은 인권 보장, 개인정보 보호, 책임성, 투명성 등을 핵심 요건으로 하여 AI 산업의 건전한 발전을 지원하고 위험을 예방하는 것을 목표로 한다. 이 법은 2026년 1월 22일부로 전면 시행되었다. 이 법이 갖춰지면서 대한민국은 EU에 이어 세계 두 번째로 AI 관련 종합법을 갖춘 국가가 되었다. 또한 정부는 대통령 직속 국가 AI 위원회를 설치하고, 과학기술정보통신부 내 전담 조직으로 'AI 정책실'을 만들어 AI 분야 산업에 100조를 투자하여 신성장 산업으로 성장시키려는 계획을 가지고 있다. 이를 통해 정부는 AI 컨트롤 타워 기능을 더욱 강화할 예정이다.

대신 AI 기술은 국경을 초월하므로 특정 국가만의 규제로는 한계가 있다. 국가적 차원을 넘어서 글로벌 차원의 협력과 통일된 기준 마련이 매우 중요하다. 각국의 법률과 정책이 엇갈리면 오히려 규제 공백이나 책임 회피의 문제가 발생할 수 있다. 이를 막기 위해서는 OECD, 유엔 등 국제기구에서 공동 윤리 가이드라인과 기술적 표준을 마련할 필요가 있다. 그러나 한 가지 생각해야 할 것은 과도한 규제는 AI 기술 혁신을 막을 수 있다는 것이다. 반면에 너무 약한 규제는 위험을 방관할 수 있다. 결국 혁신을 막는 것과 위험을 통제하는 것 사이에서 현명한 균형점을 찾는 것이 중요하다.

이에 우리나라의 경우 참고될 만한 '국제미래학회 인공지능 사용 윤리 10계명'이다.

1 어떤 상황에서도 인간이 주체가 되고 인류의 행복이 목적이 되어야 한다.

2 인간의 존엄성과 인류 보편의 가치 존중에 기반하여 사용한다.

3 모든 인간의 권리와 자유를 침해하지 않는다.

4 타인의 개인정보와 사생활을 침해하지 않는다.

5 다양성을 인정하고 거짓 및 편향과 차별을 적극적으로 필터링한다.

6 인간에게 직간접적으로 해를 입히는 목적으로 절대 사용하지 않는다.

7 개인의 이익보다 사회적 공공성 증진과 인류의 공동 이익을 우선하여 사용한다.

8 인공지능은 인간의 통제권 내에서 개발되고 사용되어야 한다.

9 인공지능과 협업하되 인간의 개성과 특성이 반영된 독창적인 산출물을 사용한다.

10 인공지능의 산출물을 그대로 사용할 경우 인공지능 제작임을 명시한다.

이와 같은 규칙들은 AI 사용을 인류에게 유해하지 않고 유익하게만 활용되도록 하고, 인간의 존엄성과 가치를 최우선으로 하여 AI의 발전이 사회적 공익과 인류의 행복에 기여하는 데 기반을 둔다.

즉 AI 윤리와 리스크 관리는 우리의 자유와 안전을 지키기 위한 보호막이 될 수 있다. 우리는 AI가 전지전능한 존재가 되길 바라서는 안 된다. 우리의 약점을 보완해 주는 도구이자 조력자로 존재하길 바라야 한다. 그러기 위해서는 그 기술의 발전을 둘러싼 윤리적 상상력과 법적 판단력이 함께 발전해야 한다. 지금 여기에서 우리가 어떤 기준과 시선으로 기술을 사용하고 관리하며 바라보는가에 따라 앞으로의 미래가 달라질 것이다.

AI로 인한 미래사회의 전망

AI는 이미 조용히, 그리고 깊숙하게 침투하여 우리 삶의 여러 부분을 변화시키고 있다. AI는 반복적이고 일상적인 작업을 자동화하여 개인의 업무 효율성을 높인다. AI 기반 일정 관리 앱은 개인의 일정을 관리하고, AI 번역기는 언어의 장벽을 허물어 소통의 영역을 확대한다. 우리는 AI의 도움을 받아 창의적인 활동과 고차원적인 사고를 할 수 있는 시간을 가지게 된다.

AI 기반 웨어러블 기기는 우리의 건강 데이터를 실시간으로 모니터링하고 이상 징후를 감지하여 질병을 예방하는 데 도움을 준다. 재정 관리 AI는 개인의 투자 성향과 목표에 맞춰 맞춤형 포트폴리오를 제안한다. AI 심리 상담 챗봇은 필요한 사람들에게 정서적 지원을 제공한다. 이처럼 AI는 개인이 더 건강하고, 재정적으로 안정적이며, 정신적으로도 균형 잡힌 삶을 살 수 있게 한다. AI는 우리 삶을 풍요롭게 만드는 강력한 개인 비서 역할을 하는 것이다.

이제 개인은 기술을 받아들이는 사람이면서 동시에 자기 권리의 주체로서 살아간다. AI를 잘 활용하면서도 그것이 자기 결정권을 침해하지 않도록 균형을 잡는 능력이 필요해진다. 우리의 손에 쥐어진 도구를 어떻게 쓸지가 중요한 것이다.

기업에서는 AI가 그야말로 혁신적인 변혁을 이끌고 있다. AI가 더는 일부 IT 기업이나 대기업만의 전유물이 아니다. 이미 수많은 산업 분야에서 AI를 핵심 전략 도구로 받아들이고 있다. 기업은 AI를 활용하여 운영 효율성을 극대화하고 고객 맞춤형 서비스와 마케팅을 통해 경쟁력을 강화한다.

산업별로 세부적으로 바라보자. 제조업에서는 스마트 팩토리가 확산하여 생산 공정의 자동화와 최적화를 이룬다. 이는 생산 비용을 줄이고 품질을 향상하는 데 큰 도움을 준다. 물류·유통업에서는 AI 기반 로봇과 자율주행 차량이 창고 관리와 배송 시스템을 혁신한다. AI는 최적의 배송 경로를 계산하고, 물류 흐름을 예측하여 재고를 효율적으로 관리하여 운영 효율성을 높인다. 서비스업에서는 AI 챗봇과 음성 인식 기술이 고객 문의 응대와 문제해결을 자동화하여 개인화된 서비스를 제공하며 고객 만족도를 높인다.

이처럼 AI가 로봇, 자동차, 스마트 팩토리 등 산업 전반에 활용될 때 운영 효율성은 아주 크게 증대한다. 하지만 이 과정에서 기업은 한 가지 중요한 과제에 직면하게 된다. 바로 일자리의 변화다.

AI와 로봇이 반복적이거나 데이터 기반의 업무를 대체하면서 일부 기존 직무는 자연스럽게 사라지거나 축소되고 있다. 특정 분야의 기업은 사람보다 AI가 처리하는 업무의 양과 질이 낮다고 판단하여 채용을 꺼리기도 한다. 신입 채용에 들이는 시간과 비용을 자동화 도입이나 인프라 개선에 집중하는 기업도 늘어나고 있다. 어쩌면 이는 AI가 개발되는 순간부터 언젠간 마주할 미래 중 하나로 보았을 만큼 자연스러운 상황이기도 하다.

하지만 이러한 과정은 기존 인력의 역할을 변화시키기도 하며 새로운 역할을 만들어 내기도 한다. AI 개발자, 데이터 과학자, AI 윤리 전문가, AI 학습 데이터 라벨러 등 이전에는 존재하지 않았던 새로운 역할들이 생겨나고 있다. 즉 AI는 일자리를 빼앗는 기술이 아니라 일자리의 구조를 재편하는 기술로 볼 수 있을 것이다.

이러한 변화는 기업에 몇 가지 과제를 던진다. 변화하는 노동 시장에 유연하게 대응하기 위해 역할 전환을 위한 재교육과 기술 교육을 어떻게 지원할 것인가, AI와 인간이 상호 보완적으로 협력하는 조직 문화를 어떻게 만들어 갈 것인가이다. 기업은 AI 중심 기업이 아닌 '사람 중심의 AI 기업'이라는 새로운 정체성을 계속해서 고민하게 될 것이다.

AI는 급속도로 발전하고 있고, 개인, 기업, 정보는 시대의 변화에 맞게 AI를 활용하는지 하지 않는지에 따른 차이가 엄청나게 일어날 것이다. 이러한 AI 시대에 맞게 이어령 박사는 이렇게 말한다.

"인간이 말하고 달리기를 하면 반드시 인간이 진다. 그래서 인간은 말에 올라타고 달려야 한다. 두려워하지 마라! AI를 잘 알고 배워서 활용하고 조정해라. 능력 있는 기수가 되라."

AI와 관계를 잘 맺으면서 AI를 잘 활용할 인간의 지적 능력이 있는가, 그것을 키우고 있는가가 핵심인 것이다.

정부와 국가는 어떻게 해야 할까

정부와 공공 기관이 AI를 활용하는 방식도 빠르게 진화하고 있다. AI를 활용하여 공공 서비스의 품질을 높이고, 데이터를 기반으로 하여 복지, 교육, 안전 등 다양한 분야에서 정책 결정을 보다 효율적으로 내릴 수 있게 된다.

예를 들어 AI 기반 민원 처리 시스템은 국민의 문의에 24시간 빠르게 응대하여 대기 시간을 줄이고 편의성을 높인다. AI는 교통 상황을 실시간으로 파악하여 교통 체증을 예측하거나 재난 발생 시 피해 규모를 줄일 수 있는 경로를 제시한다. 또한 AI는 복지 수급 자격 심사를 자동화하여 복지 사각지대를 줄이고 맞춤형 복지 서비스로 국민의 삶의 질을 향상한다. AI 기반 정책 분석 시스템은 다양한 사회 현상과 정책 효과를 시뮬레이션하여 정부가 더 합리적인 정책 결정을 내리도록 돕는다. 이러한 현상들은 곧 투명하고 효율적인 정부 운영으로 이어져 정부를 향한 국민의 신뢰도를 높일 수 있게 한다.

다만 이러한 과정에서 두 가지의 딜레마가 발생한다. 한 가지는 개인의 프라이버시와 감시 사이의 경계다. 공공의 이익을 위한다는 이유 아래 지나친 감시 체계가 개인의 자유를 위협할 수 있다. 다른 한 가지는 기술 격차로 인한 소외 문제다. AI 시스템이 고도화될수록 정보 접근성이 낮은 계층은 정책 혜택에서 멀어질 가능성도 있다. 이에 이러한 문제를 적극적으로 해소하려는 정책이 필요하다.

국가로서는 AI 기술을 국가 발전의 핵심 요소로 삼아 경쟁력을 강화하기 위해 다양한 정책을 추진해야 한다. AI가 더는 특정 분야에만 해당하지 않는다. 국가 안보, 경제 성장, 사회 복지 등 모든 분야에 영향을 미치게 되었다. 따라서 AI 연구 개발과 우수 인재 양성 등 AI 기술 발전을 위한 대규모 지원 및 정책을 펼쳐야 한다.

앞으로 국가 간의 AI 경쟁은 더욱 치열해질 것이다. AI 기술의 패권을 누가 쥐느냐에 따라 미래 세계 경제와 지정학적 질서가 재편될 가능성이 크기 때문이다. 산업 혁명 이후 유럽이, 제1·2차 세계 대전 이후 미국이 세계의 중심이 된 것과 같다. AI를 통해 다음 시대의 중심이 누구인지를 가리게 되는 것이다. 이미 미국과 중국을 중심으로 AI 주도권을 둘러싼 갈등은 계속되고 있으며, 유럽은 '디지털 주권' 개념을 내세우며 독자적인 AI 규범 체계를 정립하고 있다. 이는 단순한 기술 경쟁이 아니라 가치와 시스템의 경쟁이기도 하다.

이에 따라 AI를 둘러싼 글로벌 정책 협약과 법률이 더욱더 중요해진다. AI 기술의 윤리적 사용, 데이터 주권, AI 군비 경쟁 통제 등 다양한 사안이 국제 사회의 주요 논의 대상이 될 것이다. AI 기술이 특정 국가나 집단에 의해 독점되거나 악용되는 것을 방지하기 위한 국제적 협력의 필요성이 커질 것이다. 이는 국가 간 협력을 통해 AI 기술의 긍정적인 잠재력을 극대화하고 부정적인 영향을 최소화하는 노력으로 이어질 수 있다.

이처럼 AI는 개인의 삶부터 기업, 국가 운영까지 전방위적 변화를 이끌며 미래를 재편하여 효율성과 혁신을 가져온다. 하지만 동시에 일자리 변화, 개인정보, 윤리적 딜레마 등 복합적 과제도 안긴다. 이러한 과제를 어떻게 해결하느냐에 따라 미래사회의 모습은 달라질 것이다. 결국 AI 시대의 성공은 기술의 잠재력을 최대한 활용하면서 인간 중심의 가치를 지키며 마주한 사회적 문제를 현명하게 해결해 나가는 지혜와 책임감에 달려 있을 것이다.

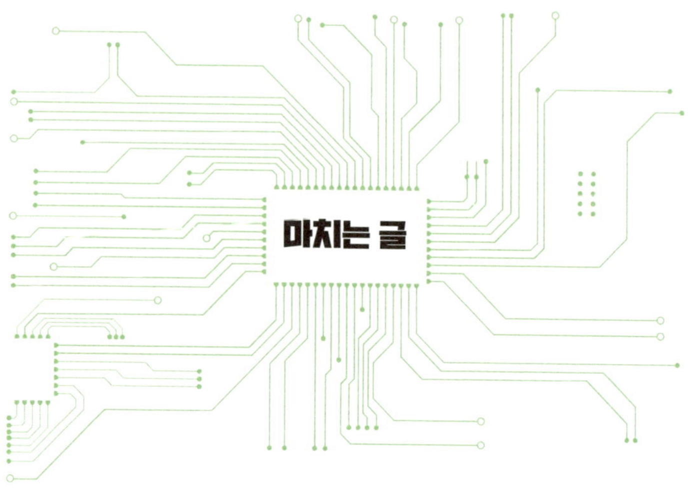

AI 시대를 맞이한 지금, 우리는 기술 혁명의 가장 중요한 변곡점 위에 서 있다. 인류는 산업화 시대에 기계를 통해 육체적 한계를 확장했고, 정보화 시대에는 컴퓨터와 인터넷을 통해 지식과 연결성을 확장했다. 그리고 오늘, 우리는 AI를 통해 인간의 인지 능력과 사고의 폭을 실질적으로 확장하는 새로운 시대를 열고 있다. 이러한 변화의 중심에서 가장 중요한 요소는 단순한 기술 습득이 아니라, AI를 어떻게 이해하고 활용하여 개인의 일상과 업무 성과를 극대화하느냐가 핵심일 것이다.

AI는 이미 우리의 일상에서 조용하지만 강력하게 작동하고 있다. 스마트폰의 개인화된 추천, 실시간 교통 예측, 자동 번역 서비스, 금융 리스크 분석까지 대부분의 의사결정 과정에 AI 기술이 스며들어 있다. 그러나 AI의 진정한 가치는 단순한 편리함을 넘어, 개인의 역량을 배가시키고 새로운 성과의 기회를 창출하는 데 있다. AI 활용은 선택이 아닌 필수이며, 이제는 'AI를 얼마나 잘 이해하고 활용하느냐'가 개인의 경쟁력과 생존력을 결정하는 요소가 되었다.

특히 업무 현장에서 AI는 매우 강력한 변화의 도구가 되고 있다. 빠르고 정확한 데이터 분석, 보고서 자동화, 커뮤니케이션 효율 향상, 복잡한 문제해결까지 AI는 직장인의 핵심 역량을 지원하는 파트너로서 기능한다. 기획안 작성, 시장조사, 재무 분석, 고객 응대, 제품 설계 등 모든 영역에서 AI의 도움을 받으면 업무 속도는 비약적으로 빨라지고, 성과의 질도 크게 향상된다. 이러한 경험은 단순한 시간 절약을 넘어, 고부가가치 활동에 더 많은 에너지를 투자할 수 있는 기반을 마련한다.

또한 AI 시대는 개인의 자율성과 창의성을 더욱 중요하게 만들고 있다. 반복적이고 표준화된 업무는 AI가 대신하지만, 새로운 관점, 기획력, 통찰, 전략적 판단 등 인간만이 가능한 영역의 가치는 더욱 높아지고 있다. 따라서 AI를 잘 활용할수록 인간이 가진 고유한 역량을 더 크게 발휘할 수 있다. AI는 인간을 대체하는 존재가 아니라, 인간의 가능성을 확장해 주는 지능 증폭기 Intelligence

의 역할을 하는 좋은 도구가 되어 줄 것이다.

AI를 활용하기 위한 첫 단계는 '질문하는 힘'을 기르는 것이다. AI의 성능은 사용자의 질문의 질에 따라 크게 달라진다. 문제를 정확히 정의하고, 세부를 명확히 요청하고, 결과물을 비판적으로 판단하며, 개선을 요구하는 질문 능력은 앞으로의 시대에서 가장 중요한 능력이 될 것이다. 질문은 사고의 깊이를 반영하고, 전략을 이끌며, 결국 경쟁력을 결정한다.

이 책이 전달하고자 하는 핵심 메시지는 단순하다. AI를 두려워하지 말고, 기술을 무조건 신뢰하지도 말고, 균형 잡힌 시각으로 AI를 이해하고 활용하라는 것이다. 인간의 사유와 판단과 선택은 AI 시대에도 여전히 중심에 있다. 오히려 AI가 제공하는 수많은 가능성을 활용하기 위해서는 인간의 깊이 있는 사고, 윤리적 인식, 문제해결 능력이 더욱 필요하다.

AI를 학습하고 활용하는 과정은 거창한 결심에서 시작되지 않는다. 보고서 한 장을 쓰고 메일을 다듬거나, 빠른 시간 내에 정보를 검색하고 데이터 정리하거나, 그리고 새로운 학습과 배움을 향한 작은 호기심이 앞으로의 성장을 결정짓는 출발점이 된다.

하루의 작은 실천이 쌓이면, 어느 순간 축적의 힘으로 큰 변화

의 성장 원동력이 된다. AI는 우리의 시간을 절약하고, 역량을 확장하며, 성과를 높이는 강력한 동반자가 되는 데 도움이 된다. 더 나아가 개인이 가진 잠재력을 실제 성과로 연결하게 하는 가교와 밑거름의 도움을 줄 것이다.

앞으로의 시대는 'AI를 어떻게 활용하는가'에 따라 개인의 삶의 질과 업무 성과가 극명하게 달라질 것이다. 기술의 발전은 멈추지 않고, 변화의 속도는 계속 빨라질 것이다. 미래를 준비하는 가장 좋은 방법은 변화의 흐름을 두려워하지 않고 능동적으로 도전하고 참여하는 것이다. AI를 이해하고 활용하는 사람은 더 많은 기회를 얻고, 더 넓은 세상을 체험하며, 더 높은 수준의 성과를 만들어 낼 수 있다.

저자는 60년이란 세월을 살면서 핸드폰이 나오기 전에는 일반 전화번호를 200-300개 정도는 외워서 전화를 걸었던 적이 있다. 그러나 현재는 2-3개 정도밖에 외우지 못하고 핸드폰 검색으로 전화를 걸고 있다. 저자가 이 말을 전하는 것은 AI에 너무 의존만 하지 말고, 지속적인 독서와 신문 등을 통해 배경지식을 쌓는 학습과 문제해결을 위해 깊이 생각하고 질문하는 노력도 반드시 병행되어야 한다는 것이다. 행여 수십 년 후 미래의 어느 날에 인간의 생각하는 능력이 떨어져 AI에만 의존하고 AI에 종속되는 세상이 오지 않을까 하는 두려운 마음도 있다.

부디 이 책이 여러분이 인공지능 시대에 AI를 잘 활용하여 자신감 있게 살아갈 수 있도록 돕는 실천적 지침서가 되기를 바란다. AI는 미래가 아니라 현재이며, 여러분의 일상과 업무 속에서 이미 최고의 파트너로 성장하고 있다. 이제 여러분이 해야 할 일은 단 하나이다. AI와 함께 동행하며 앞으로 나아가는 것이다. 그 여정에서 여러분의 성장은 더욱더 진보적이고, 성장 가능성은 더욱 확장될 것이다. 더 나은 삶, 더 높은 성과, 더 큰 기회를 향해 AI와 함께 발전해 나가는 당신의 미래를 진심으로 응원한다.

돈화당敎和當 김태우

AI 마스터 바이블

초판 인쇄 2026년 1월 30일
초판 발행 2026년 2월 5일

지은이 김태우
펴낸이 김상철
발행처 스타북스
등록번호 제300-2006-00104호
주소 서울시 종로구 종로 19 르메이에르종로타운 A동 907호
전화 02) 735-1312
팩스 02) 735-5501
이메일 starbooks22@naver.com

ISBN 979-11-5795-787-3 13000

© 2026 Starbooks Inc.
Printed in Seoul, Korea